# Lucy Moore

*Man nennt sie «Ü-Kirche»*
*und «Messy Church» …*

# Die
# Überraschungs-Kirche

*Frische neue Ideen für den etwas*
*anderen Gemeindebau*

# BRUNNEN

VERLAG BASEL·GIESSEN

**Bibliografische Information der Deutschen Bibliothek**
Die Deutsche Bibliothek verzeichnet diese Publikation in der Deutschen National-
bibliografie; detaillierte bibliografische Daten sind im Internet über
http://dnb.ddb.de abrufbar.


Die Bibeltexte sind, soweit nicht anders angegeben,
der revidierten «Hoffnung für alle» entnommen.

Übersetzung aus dem Englischen:
Barbara Trebing, Riehen




© der deutschen Ausgabe 2011
by Brunnen Verlag Basel

Umschlag: Waterproof Grafikdesign, Ingo Riecker, Neuffen
Fotos Umschlag: Photocase – Pizza: fanny18; Luftballons: misterQM; Kinder:
Bildautor nicht mehr recherchierbar; Fingermalen: nailiaschwarz; Luftsprung:
cydonna; AboutPixel – Frauen: Konstantin Gastmann; Hintergrund-Strohhalme:
Norman Enke
Illustrationen Seite 203–206: © Mary Hall
Satz: InnoSet AG, Justin Messmer, Basel
Druck: Bercker, Kevelaer
Printed in Germany

ISBN 978-3-7655-1483-8

# Inhalt

# Themenvorschläge für das Frühjahr ....................... 137

# Themenvorschläge für das ganze Jahr ..................... 171

# Mutmacher aus der Praxis in Deutschland

Greenbelt im August 2010, das christliche Festival in Cheltenham. Ein buntes Treiben auf dem Rasen, auf dem zu anderen Zeiten Pferderennen stattfinden. Am Nachmittag vor dem Haus, in dem sonst die Pferdewetten abgegeben werden, eine Schlange wartender Erwachsener und Kinder. Drinnen letzte Vorbereitungen. An Tischen im Raum verteilen sich Männer und Frauen mit den blauen Messy-Church-Schürzen, hier noch schnell eine Absprache über den Ablauf, dort noch ein Handgriff, gleich geht es los. Und mittendrin Lucy Moore, die «Erfinderin» der Messy Church, die uns, den Besuch aus Deutschland, so nachhaltig beeindruckt hat, dass es nun auch bei uns die Messy Church, unsere Ü-Kirche, gibt.

Für uns hat alles im Sommer 2009 angefangen. Die Landeskirche Hannovers bot eine Fortbildung in London an. Was können wir von den «Fresh Expressions», den «frischen Ausdrucksformen», der anglikanischen Kirche lernen? Können wir uns inspirieren lassen für eine Erneuerung unserer kirchlichen Arbeit? Mit einer ökumenischen Gruppe aus Haupt- und Ehrenamtlichen lernten wir viele verschiedene Projekte kennen. Unter anderem auch Lucy Moore und ihre Messy Church.

2001 kam sie mit ihrem Mann nach Portsmouth, wo er seine Pfarrstelle übernahm. Lucy Moore tat sich mit einigen anderen zusammen und überlegte, wie sie die Kinder in ihrer Gemeinde an den Glauben heranführen könnten. Sie merkten dabei, dass sie mit den traditionellen Angeboten – die Kinder werden gebracht und wieder abgeholt – nicht weiterkamen. Wenn sie Glauben weitergeben wollten, dann mussten sie die mit einbeziehen, die den größten Einfluss auf Kinder haben: die Eltern. Daraus, so erzählte sie uns damals, entwickelten sie die Idee der Messy Church, einem Angebot für Kinder und ihre Eltern (plus Großeltern, Paten ...).

Schon diese Idee faszinierte uns. Wir entdeckten viele Ähnlichkeiten in unserer Gemeindesituation. In vielen Familien gibt es keine religiöse Praxis mehr. Bei Gesprächen mit jungen Familien stellten wir aber fest, dass die Geburt von Kindern ein Bewusstsein für religiöse Fragen weckt.

Gleichzeitig merkten die Eltern, dass ihnen selbst Antworten fehlen, dass sie sich unsicher und fremd in Glaubensfragen fühlen.

Außerdem gehören die Erwachsenen oft in die Altersgruppe, die lange nichts mehr mit Kirche am Hut hatten und deren Erinnerungen an Kirche wenig mit ihrem jetzigen Leben zu tun hat.

Die Messy Church ist für diese Familien eine Möglichkeit, sich miteinander auf den Weg zu machen, gemeinsam Glauben zu entdecken und Vorstellungen von einer verstaubten Kirche zu revidieren. Sie gibt Patinnen und Paten die Möglichkeit, ihr Patenamt sinnvoll mit ihren Patenkindern auszufüllen.

Noch einen anderen Aspekt fanden wir für uns bedeutsam. In der Familienrealität gibt es wenig, was Eltern und Kinder zusammen machen. Die Kinder werden zu bestimmten Angeboten gebracht, dort für eine Zeit abgegeben und dann wieder abgeholt. Der Terminkalender ist oft so prall gefüllt, dass entspannt miteinander verbrachte Zeit rar ist.

Die Messy Church bietet hier einen Nachmittag, den Erwachsene und Kinder gemeinsam erleben können.

Wieder zu Hause, begannen wir, unsere «Messy Church» zu planen. Von Anfang an war klar: Messy Church konnte sie im Deutschen nicht heißen. Im Englischen hat «messy» etwas mit kreativem Chaos zu tun, im Deutschen klingt «messy» nach Unordnung in krankhafter Form. Ein anderer Titel musste also her. Eine Zeitlang war der Arbeitstitel «Wusel-Kirche», das klang uns aber zu niedlich. Dann, eines Tages, das Ei des Kolumbus! Unser Angebot heißt Ü-Kirche, abgeleitet von Überraschungs-Kirche, denn: Gott hat Überraschendes mit uns vor.

Im Team unserer beiden Gemeinden entwickelten wir einen neuen Impuls: ein Stofftier als Identifikationsfigur sollte eine wichtige Rolle haben. Wir fanden dafür ein Huhn aus dem Sortiment der Folkmanis®-Puppen.

Die Struktur der Messy Church haben wir für unsere Ü-Kirche weitestgehend übernommen:

An einem Freitagnachmittag beginnen wir mit einem Begrüßungsteil, dann ist Kreativzeit und dann geht es in die Kirche, danach wird miteinander zu Abend gegessen. Das Essen hat eine große Bedeutung. Für die Familien bedeutet das: Es muss an diesem Abend nicht noch zu Hause das Abendessen vorbereitet werden. Beim Essen kann mit dem Danklied und dem gemeinsamen Anfang religiöse Praxis eingeübt werden. Und es ist ein gemeinschaftsstiftendes Moment für Erwachsene und Kinder.

Thema in allen vier Phasen ist ein biblisches Thema, das unterschiedlich aufgearbeitet wird.

Die drei Prinzipien der Messy Church wurden auch für die Überlegungen unserer Ü-Kirche prägend:

**1. Die Gastfreundschaft:** Wir möchten in einer Haltung arbeiten, die erwartet, von anderen etwas zu empfangen.

Das fängt beim Team an. Ü-Kirche ist eine Teamaufgabe.

Am Anfang haben wir in unseren Gemeinden in einem kleinen Team zusammengesessen und uns eine Struktur gegeben. Schon dabei war es hilfreich, dass wir unterschiedliche Gaben hatten und uns so gegenseitig voranbrachten.

Wir sind dann auf die Suche nach weiteren Teammitgliedern gegangen und haben dabei auch bewusst Menschen angesprochen, die noch nicht so aktiv in der Gemeinde sind, aber Gaben haben, die uns weiterbringen könnten. Wir lernen miteinander. Nach jeder Ü-Kirche fällt uns etwas auf, was wir noch anders, noch besser machen können. Die Ü-Kirche ist unser gemeinsames Projekt.

Auch das Miteinander mit den Kindern und Erwachsenen ist ein Geben und Nehmen. Viele Gespräche während der Angebote zwischen Kindern und Eltern oder auch zwischen den Erwachsenen sind kleine Geschenke.

**2. Kreativität:** Die schöpferische Tätigkeit verändert Menschen. Bei den Angeboten können sich Kinder und Erwachsene ausprobieren, sich gegenseitig helfen. Beim gemeinsamen Tun erleben sich Kinder und Erwachsene anders als in vielen anderen gemeinsamen Momenten.

Die Kreativangebote haben immer auch mit dem biblischen Thema des Nachmittags zu tun und bieten so einen eher ungewohnten Zugang zu Glaubensthemen und Gesprächsanlässen am Tisch.

**3. Feier:** Die Lebendigkeit Gottes soll in der Ü-Kirche gefeiert werden. Für viele von denen, die zur Ü-Kirche kommen, ist Kirche zuallererst etwas für Ältere. In der Ü-Kirche erleben wir miteinander, dass Gott lebendig ist, mitten unter uns in all unserem Tun.

Die Ü-Kirche ist für unsere Gemeinden eine großartige Chance.

Erwachsene – Eltern, aber auch Großeltern, Patinnen und Paten –

kommen mit ihren Kindern und erleben drei Stunden, in denen die Frohe Botschaft im Mittelpunkt steht.

Sie erleben, dass sie in der Gemeinde in ihrer Familiensituation wahr- und angenommen sind.

Sie kommen mit Glaubensinhalten in Berührung – für sich selbst und für ihre Kinder. Sie bekommen Anregungen zum gemeinsamen Singen und zum gemeinsamen Gebet.

Wir Mitarbeitenden kommen in Kontakt mit Menschen, die wir sonst nicht oft in unserer Gemeindearbeit erleben. Wir bekommen Einblick in ihre Lebenssituation – das wiederum hat Auswirkungen auf das weitere Gemeindeleben.

Wir haben die Möglichkeit, Menschen in unser Team zu integrieren, die bis jetzt keinen Platz im Gemeindeleben gefunden haben und nun ihre Gaben einbringen können.

Durch die Vorbereitung der Ü-Kirche sehen wir altvertraute biblische Texte oft mit einem ganz neuen Blick und entdecken im gemeinsamen Gespräch darüber Aspekte, die uns bisher verborgen blieben.

Lucy Moore sagte damals in London bei unserer ersten Begegnung: «Wir glauben, das ist etwas, mit dem Gott arbeiten will.»

Wir glauben das auch und hoffen, dass viele andere Gemeinden ähnliche Erfahrungen wie wir machen.

*Susanne und Matthias Paul*

Adresse:
Pastorin Susanne Paul
Ramlinger Straße 25
D-31303 Burgdorf-Ehlershausen
Tel. 0049(0)5085/7153
Website: www.kirche-ehlershausen.de

# Zum Einstieg

Es ist Donnerstagnachmittag, Viertel nach vier. Aus dem Saal hört man lebhafte Gespräche. An einem Tisch sitzen Erwachsene und Kinder und kämpfen mit Metallröhrchen und Wackelaugen und können sich dabei kaum halten vor Lachen, während ihre jugendlichen Helfer fast verzweifeln, weil das Ergebnis einfach nicht so aussehen will, wie es sollte.

Ein Kleinkind klatscht unter den wachsamen Augen einer Großmutter (es ist nicht ganz klar, ob sie verwandt sind – aber das ist auch egal) grüne Farbe auf ein großes Stück Pappe. Eine Fünfjährige sieht mit weit aufgerissenen Augen einer Leiterin zu, die ihr zeigt, wie man einen Nagel einschlägt. Aus der Küche wehen verlockende Düfte. Die Zehnjährigen, eifrig über ihre Glasmalerei gebeugt, sind sich einig, dass es Pellkartoffeln gibt.

Der Pfarrer macht ein Foto von dem surrealen Gebilde, das eine Gruppe aus Abfall gebastelt hat, und zwei Mütter tauschen den aktuellsten Tratsch aus, trinken dabei ihren Begrüßungstee und dekorieren nebenher Geschenktüten, während ihre Kinder ein Stockwerk höher etwas Undefinierbares, aber eindeutig Schokoladiges fabrizieren.

Die Köchinnen sollten die Platten belegen, aber eine der Mütter muss unbedingt noch ihre Probleme mit den Pflegekindern loswerden.

Ich selbst müsste eigentlich in Panik geraten, wenn ich an die Geschichte für die Andacht nachher denke. Aber vor fünf Uhr muss noch die riesige Collage über das große Festmahl zusammengesetzt werden, die Trockenfarbe hat sich in den Händen von Jack als eine wunderbare Waffe erwiesen, um ein kreatives Chaos anzurichten, wir haben eben erst mit den Beschriftungen angefangen, und da ist, hoppla, gerade jemand über den Eimer mit Kleister gestolpert … Kirche voller Überraschungen.

# Vorwort

Überall in England geschieht etwas. Christen suchen nach neuen Ausdrucksformen von Gemeinde für Menschen, die außerhalb oder am Rande der christlichen Gemeinschaft stehen. Es gibt bereits Hunderte. Manche werden bewusst begonnen. Andere entstehen eher zufällig. Jede Einzelne ist voller Überraschungen.

Überall in Englands Kirchen spüren wir, dass wir Neues lernen, wenn wir ein Auge auf das haben, was Gott tut, und dann versuchen mitzumachen. Keiner kennt alle Antworten (nicht einmal alle Fragen). Keiner sagt: «Nur *eine* Methode ist richtig, und das ist meine.» Man hilft einander und lernt miteinander, Schritt für Schritt. Und gelernt wird überall da, wo Gottes Kinder im Glauben Schritte tun und etwas Neues wagen.

Die «Messy Church» ist einer dieser Orte, an denen gelernt wird. Ich freue mich, dass Lucy und ihr Team von der Messy Church in diesem Buch vorstellen können, was sie bereits gelernt haben. Es ist vollgepackt mit guten Sachen, und auf jeder Seite gibt es Herrliches zu entdecken. Beim Lesen fielen mir ständig Menschen ein, denen ich es gern geben möchte: Pastoren und Kinderarbeiter, Ältestenräte und junge Leute. Es ist voll guter Ideen, tiefer Weisheit und praktischem Know-how. Die Messy Church wird noch vielen ein Segen werden. Ich hoffe, dass sie noch zu vielen Überraschungen führt und zu vielen unterschiedlichen Formen von Gemeinde.

Steven Croft
Bischof von Sheffield

Ein Portrait der Messy Church gibt es auf «Expressions: the DVD». Es ist eine Reihe von Kurzberichten, in denen das Konzept von «Fresh Expressions» vorgestellt wird. Sie zeigt die reiche Vielfalt an Ausdrucksformen und Geschichten.

«Expressions: the DVD 1» ist erschienen bei Church House Publishing und kostet £ 14.99 (www.freshexpressions.org.uk/resources).

# Wie es dazu kam

St. Wilfrid ist eine anglikanische Kirche am Rande von Portsmouth, einer Gegend, in der der Zusammenhalt weitgehend verloren gegangen ist, seit das alte Dorf von Wohnblöcken förmlich verschluckt wurde. Es gibt viele ältere Leute im Viertel und viele junge Familien. Im Großen und Ganzen ist es eine recht angenehme Gegend, weder besonders wohlhabend noch unbedingt verarmt. Die Kirche verfügt dank der Weitsicht von Gemeinde und vorigem Amtsinhaber und ihrem Willen zum Wachstum über fantastische Räumlichkeiten: zwei Säle, Küche, Toiletten und Gottesdienstraum sind alle miteinander verbunden. Dazu gibt es einen eigenen Parkplatz und einen kleinen Garten. Am Sonntag gibt es vier Gottesdienste: einen stillen Gottesdienst um 8 Uhr morgens, einen traditionellen um 9.30 Uhr, einen eher formlosen um 11.15 Uhr mit einer kleinen Jugendgruppe sowie eine Abendandacht. Früher gab es jedes Jahr einen Ferienclub für die Kinder, der aber eingestellt wurde. Seitdem war der kleine Kinderkreis am Donnerstagabend die einzige Veranstaltung, bei der Kinder aus der Gemeinde Gott begegnen konnten.

Wir haben uns hingesetzt und intensiv überlegt, in welche Richtung wir gehen wollen. Das Endergebnis war die «Messy Church» (deutsch: Überraschungs-Kirche oder Ü-Kirche). Im ersten Teil des Buches sehen wir uns an, was das ist und wie es funktioniert. Und wir machen Vorschläge, was Sie im Blick auf Ihre eigene Situation bedenken sollten.

Die Überraschungs-Kirche entstand aus einem Gefühl der Frustration heraus. Wir hatten gute Räume, gute Leiter, ein paar gute Ideen, aber es kamen am Sonntag nur wenige Kinder und Familien. Die Erkenntnis, dass wir nicht den richtigen Zugang hatten, war unser Ausgangspunkt. Ich hoffe, unser Ansatz kann mit seinen vielen Fehlern wie mit seinen Erfolgen ein Beispiel geben. Wir wollen kein perfektes Vorzeigemodell präsentieren, dem man nur sklavisch folgen muss (bloß nicht!), sondern ein Beispiel, aus dem man lernen kann.

Ich hoffe außerdem, dass das Buch Ihre eigene Kreativität anregt und Ihnen hilft, herauszufinden, wer eher am Rand Ihrer Gemeinde steht und wie Sie diese Menschen erreichen können.

# Frische Ausdrucksformen

In diesem Buch geht es darum, eine spezielle, «frische Ausdrucksform» von Gemeinde zu untersuchen. «Fresh Expressions» (frische Ausdrucksformen) ist eine Bewegung innerhalb der englischen Kirche, die aufzeigen möchte, wie Gemeinde für unterschiedliche Menschen in unterschiedlichen Situationen unterschiedlich aussehen kann. Ideen und Anregungen finden sich in der wachsenden Liste einfallsreicher Gemeinden auf ihrer Website: www.freshexpressions.org.uk.

Es war ziemlich frustrierend, dieses Buch zu schreiben, da es ständig neue Entwicklungen gibt, bei Fresh Expressions und sogar innerhalb der Ü-Kirche. Jeden Monat fallen uns neue Dinge ein, die wir ausprobieren wollen, und es ist völlig unmöglich, in diesem Buch mit allen Schritt zu halten. Aber es ist ein Anfang, der zu Recht voller Überraschungen steckt.

> Woran erkennt man frische Ausdrucksformen von Gemeinde? Eine frische Ausdrucksform ist bereits eine eigenständige Kirche oder Gemeinde (oder hat das Potenzial, eine zu werden). Sie will weder Durchgangsstation noch Stein des Anstoßes sein für jene, die zur Sonntagmorgengemeinde gehören.
>
> *Website von «Fresh Expressions»*

Ist das, was wir tun, eine frische Ausdrucksform von Gemeinde, oder ist die Überraschungs-Kirche einfach ein Verein? Sicher wäre es viel einfacher, einen Bastelclub anzubieten! Viel einfacher, mit dem kulturellen Strom zu schwimmen und die Menschen nicht daran zu erinnern, dass sie mehr sind als rein körperliche Wesen und dass es einen persönlichen Gott gibt, der sie so liebt, wie sie sind – und der möchte, dass sie ihn besser kennen lernen.

Es wäre viel einfacher, keinen Raum für die Begegnung mit Gott zu schaffen, weder im Gottesdienst noch beim kreativen Zusammensein. Oh ja, es wäre viel, viel einfacher, nicht nach gottesdienstlichen Formen zu suchen, die *alle* Altersstufen ansprechen, sondern stattdessen in den weltlichen «Lernclub»-Modus zu verfallen, wo es hauptsächlich darum geht, feinmotorische Fähigkeiten oder die Tischmanieren zu fördern. Und es wäre auch viel einfacher, an Fördergelder von außen heranzukommen, wenn wir Gott gar nicht erwähnen würden!

Unsere Vision war es aber immer, Kreativität und Essen, diese wunderbaren Gaben, als Mittel einzusetzen, um Menschen zu helfen, näher zu Gott und zueinander zu finden. Wir wollen uns nicht hinter einem irreführenden Namen verstecken: Wir nennen uns ganz klar Messy *Church* (Überraschungs-*Kirche)*, damit niemand meint, wir seien irgendein geselliger Verein. In unserer speziellen Gegend und zu diesem speziellen Zeitpunkt in der Geschichte ist dies eine frische Ausdrucksform von Gemeinde, die für uns stimmt.

# Das Konzept und ein paar weitere Überlegungen

# Kapitel 1
# Die «Messy»-Theologie
# – ein Überblick

Egal, was man sonst sagen will, der *Name* «Messy Church» war ganz sicher ein guter Einfall. Er provoziert sofort die Frage: «Was soll denn das sein?», und ruft ein Lächeln hervor. Der Gedanke geht zum Teil auf die Beobachtung in Pete Wards Buch *Liquid Church* (deutsch: Flüssige Kirche) zurück, dass «eine flüssige Kirche fließende Ränder» hat.

Ward nennt Eltern- und Krabbelgruppen als Beispiel für ein Netzwerk enger Gemeinschaft in der Gemeinde. Er schreibt:

> Bei den Eltern und Krabbelkindern sehen wir, dass sich das Beziehungsnetz von denen in der Gemeinde ausweitet auf die, die keinen Bezug zum regulären Sonntagsgottesdienst haben. Wenn wir dieses Netzwerk selbst als Gemeinde bezeichnen, dann werden die Begriffe Insider und Außenstehender aufgeweicht. Stattdessen haben wir ein Kommunikations- und Beziehungsnetz, in dem christliche Liebe und gegenseitige Unterstützung frei fließen können. Die Grenzen werden fließend und sind nicht mehr so eng definiert.
>
> *Liquid Church, Seite 47–48*

Es gibt eine Phase, in der Menschen vielleicht Freunde in der Gemeinde haben, wo sie beten, ab und zu den Gottesdienst besuchen und vielleicht auch beim jährlichen Bazar mithelfen. Aber es käme ihnen seltsam vor, einen Hauskreis zu besuchen oder womöglich mehr als 50 Cent in den Klingelbeutel zu werfen. Sie stehen, im positiven Sinne, am Rand, sind weder draußen noch drinnen.

> Die Kirche ist aus dem Zentrum unserer Gesellschaft an den Rand gerutscht. Gleichzeitig ist das «Zentrum» unserer Gesellschaft in Bewegung. Als Kirche müssen wir lernen, wieder am Rand zu leben – und dort Gemeinde zu bauen.
>
> *Website von «Fresh Expressions»*

Netzwerke sind also fließend, und die Gemeinde steht am Rand dieser fließenden Netzwerke. Das Leben ist nicht ordentlich. Eine der großen Stärken der anglikanischen Kirche ist, dass sie Menschen von den Rändern willkommen heißt, ohne von ihnen sofort eine Entscheidung zu verlangen, ob sie drinnen sind (also den Zehnten zahlen und sich für einen intensiven, zehnwöchigen Glaubenskurs anmelden) oder draußen (also «verdammt» zu ewiger Finsternis, wo es Heulen und Zähneklappern gibt). Und viele andere Glaubensgemeinschaften halten es genauso.

Ich denke, das ist ein gutes Bild für die Art, wie viele Menschen auf immer wieder überraschende Weise zu Gott unterwegs sind. Es mag «Damaskusstraßen»-Momente geben, wo wir mit dem geistlichen Ferrari auf der Autobahn Richtung Herrlichkeit brausen. Da sind aber auch die vielen kleinen Augenblicke, in denen uns Gottes Geist durch das Lächeln eines Kindes, durch das ehrfürchtige Staunen vor der Schönheit der Natur, durch einen neuen Gedanken aus einer alten biblischen Geschichte oder das Anteil nehmende Wort eines Weggenossen ganz sacht ein kleines bisschen weiter in seine Arme schubst.

Es ist ein leicht chaotisches Vorgehen, aber ein Gott, der Seegurken erschaffen kann und sich freut, durch Menschen wie Sie und mich zu wirken, muss doch wohl eine kreative, überraschende Seite haben, oder nicht? Die von ihm geschaffene Welt ist schließlich nicht dafür bekannt, dass sie «ordentlich» ist.

Ja, es gibt Ordnungen und Regeln, aber wann haben Sie zum letzten Mal einen symmetrischen Baum gesehen, der noch nie ein Blatt abgeworfen hat? Jesus hat die meiste Zeit nicht im ordentlichen religiösen Zentrum von Jerusalem verbracht, sondern an den fließenden Rändern der jüdischen Gesellschaft bei zwielichtigen Kollaborateuren, ausländischen Siedlern, in der Halbwelt verrufener Frauen und verschlagener Dealer, mit schmuddeligen Jüngern und verdreckten Kindern.

Wir hätten es oft lieber, wenn die Menschen eindeutig wären: entweder Christ oder nicht, Gemeindemitglied oder Außenseiter. Wie viel einfacher wäre das Leben. Und irgendwann kommt für viele wirklich der Punkt, wo wir genauso bestimmt sagen können: «Ja, ich bin Christ», wie wir sagen: «Ja, ich bin verheiratet.» Aber bis dahin sieht der Weg zum Glauben meist so aus, dass wir uns nur ein bisschen zugehörig fühlen, dass wir ein bisschen glauben und uns die Dinge ein bisschen zu eigen machen. Wir schwimmen in einer Art lebensverändernder Ursuppe herum, während der Heilige Geist in uns wirkt, um uns auf die unterschiedlichsten Arten näher zu Jesus zu bringen.

> Post-christliche Kirchen sind leicht chaotische Gemeinden, in denen das Dazugehören, das Glauben und entsprechende Verhalten erst im Entstehen sind und noch kein fixer Bestandteil.
>
> *Stuart Murray, «Church after Christendom», Seite 35*

Oh ja.

Hmm. Wenn Sie anfangen, mit diesen Ideen herumzujonglieren, bekommen Sie bald eine Gemeinde, die nicht nur ein fröhliches Chaos ist, sondern auch auf fröhliche Weise chaotisch. Während die zweite Hälfte dieses Buches Entwürfe und Anleitungen für Leute enthält, die gern ein Programm haben, an das sie sich halten können, besteht das Hauptanliegen doch darin, einen Denkprozess darüber in Gang zu setzen, welche frischen Ausdrucksformen in Ihrer Gemeinde wohl möglich sind. Ihr Endprodukt wird mehr Drive und kreative Impulse haben, wenn es von Ihren eigenen Gebeten, Leuten, Bedürfnissen, Talenten und Möglichkeiten bestimmt ist, als wenn Sie einfach übernehmen, was wir hier vorstellen.

## Warum nicht am Sonntag?

Wieso muss die Kirche für die Leute am Rand extra mitten in der Woche eine Veranstaltung anbieten? Wieso nicht einfach erwarten, dass sie am Sonntag in die Kirche kommen? Schließlich sind viele Sonntagsgottesdienste modern und freundlich gestaltet, in moderner Sprache, und haben auch ein Kinderprogramm.

Nun, es gibt verschiedene Probleme mit dem Sonntagsgottesdienst. Hier ein paar davon.

**Er ist am Sonntag.** Für viele Leute, die nicht zur Kirche gehen, ist der Sonntag heute ein Tag für Familie, Sport und Hobby. Vielleicht der einzige Tag, an dem die ganze Familie zusammen ist. An dem man die Oma besucht. Oder an dem getrennt lebende Eltern die Kinder für das Wochenende ans andere Ende des Landes zum anderen Elternteil schicken. Fußballspiele, Volleyballturniere, Schwimmwettkämpfe – Kinder sind am Sonntag in allen möglichen Freizeitbeschäftigungen engagiert, und die Kirche muss schon mindestens mit Disneyland gleichziehen, wenn sie da mithalten will, falls die Erwachsenen in der Familie nicht bereits überzeugte Christen sind.

**Er gehört «jemand anders».** Ich bekam selbst einmal einen Eindruck davon, wie es ist, wenn man zum ersten Mal in die Kirche kommt, als wir einen Folk-Club in West Yorkshire besuchten, in dem ein Bekannter auftrat. Plötzlich hatten wir nicht die leiseste Ahnung, wie wir uns verhalten sollten.

Konnten wir einfach reingehen, oder sollten wir anklopfen? Was wurde von uns erwartet? Konnten wir uns irgendwo hinsetzen, oder waren bestimmte Plätze für Stammgäste reserviert? Durften wir reden, während gesungen wurde? Sollten wir mitsingen oder die Darbietung wie im Theater schweigend genießen? Würde uns jemand ansprechen?

Es war sehr verwirrend, ja, ärgerlich, sich so fehl am Platz zu fühlen wie ein ausländischer Tourist.

Egal, wie freundlich unsere Kirchen sind, für den Außenseiter kann das Gefühl entstehen, dass er in einen fremden Kulturkreis tritt, in dem so viele ungeschriebene Erwartungen herrschen, dass er es gar nicht erst wagt, seinen Fuß über die Schwelle zu setzen. Die Kirche spielt heute im Leben der meisten Menschen überhaupt keine Rolle mehr, und immer weniger fühlen sich in einer Kirche automatisch zu Hause. Aber wie wäre es, wenn die Kirche ein Ort wäre, an dem die «Außenseiter» die Erwartungen mitbestimmen?

**In den Sonntagsgottesdienst ist schon so viel investiert worden.** Ist der Sonntagsgottesdienst auf die Insider ausgerichtet oder auf die Außenseiter? Es ist sehr schwierig, einen Gottesdienst zu gestalten, der die Bedürfnisse der regulären, überzeugten Christen genauso berücksichtigt wie die der Menschen an den fließenden Rändern. Denn es gibt so viele Bedürfnisse. Wer sein Leben lang zur Kirche gegangen ist, möchte vielleicht sein Lieblingslied gesungen haben, dessen Aussage theologisch aber so kompliziert ist, dass es einen Neuen nur verwirrt.

> O große Lieb!, dass er, der für den Menschen
> im Mensch den Feind besiegt,
> die zwiefach Todesqual als Mensch
> für jeden Menschen erlitt.
>
> *Kardinal J. H. Newman*

Ein wunderbares Lied. Ich singe es, seit ich denken kann, und entdecke jedes Mal mehr darin. Ist aber nicht gerade MTV, oder?

Leider können gerade auch die liturgischen Regeln des Gottesdienstes zwischen dem Besucher und Gott eine Barriere errichten. Nehmen wir zum Beispiel das Tagesgebet, das jede Woche in der anglikanischen Kirche gesprochen wird – ein einziger, außerordentlich langer Satz, in dem über drei Zeilen hinweg Gott mit viersilbigen Worten beschrieben wird, in dessen Mitte eine Bitte hineingepresst ist und der (ohne Punkt und Komma) mit einer wiederum dreizeiligen Doxologie endet. Ist das das Richtige für einen «BILD»-Leser? Oder einen Sechsjährigen? Oder mich? Wer weiß am Ende noch, wofür wir gebetet haben? Wie lang muss das eucharistische Gebet einer Achtjährigen vorkommen ... oder jemandem mit chronischen Rückenschmerzen?

Andererseits: Ist eine kinderfreundliche Predigt das, was ein reifer, erwachsener Christ jede Woche braucht? Muss jedes Lied so einfach sein, dass es schon simpel ist? *Soll ich womöglich mitklatschen?* Ja, es gibt begabte Lobpreisleiter und Redner, die alle Altersstufen gleichzeitig ansprechen können. Aber das ist nicht jedem gegeben, und es wäre unfair, es von jedem zu erwarten, und zwar aus verschiedenen Gründen: persönliche Begabung, Gewohnheiten, Lücken in der theologischen Ausbildung, um nur einige zu nennen. Einen Gottesdienst für alle Altersstufen zu leiten ist schwieriger, als man meint, solange man es nicht versucht hat.

Obwohl mir die Vorstellung, dass Menschen mit verschiedenem Hintergrund und verschiedensten Alters ganz tolerant gemeinsam Gottesdienst feiern, im Prinzip sehr gefällt, besteht doch eine große Kluft zwischen den Bedürfnissen eines Menschen, der seinen Zeh zum ersten Mal in den Gemeindeteich streckt, und dem, der darin bereits wie ein Olympiaschwimmer seine Bahnen zieht. Den Sonntagsgottesdienst umzugestalten ist darum wohl nicht die leichteste Übung, da hier bereits so viel für so viele Leute investiert wurde. Wir müssen wissen, wann wir auf die Knie gehen und für Veränderung kämpfen sollen und wann wir mit den Zehen an ein unbewegliches Hindernis stoßen. Die ständige Herausforderung für die Überraschungs-Kirche besteht darin, eine echte Kirche zu schaffen und sie nicht nur als Teilziel auf dem Weg zum Sonntag zu betrachten.

**Die Rolle der Kinder in Ihrer Gemeinde ist vielleicht unklar.** Viele Kirchen heißen Kinder willkommen und bieten ihnen eine altersgemäße Möglichkeit, Gott zu loben. Andere wissen nicht so genau, wo sie die

Kinder unterbringen sollen. «Wir freuen uns über die Kinder, die da sind», kann auch unausgesprochen weitergehen: «solange sie still sind und sich benehmen und tun, was wir tun und wollen.» Wenn Kinder gern zur Kirche gehen, kommen auch die Eltern lieber. Wenn Kinder gern zur Kirche gehen, bleiben sie auch eher dabei, wenn die schwierigen Teenagerjahre kommen, und bringen auch gern ihre Freunde mit.

Welche praktischen Erfahrungen machen Sie in Ihrer Gemeinde? Werden Kinder begrüßt und respektiert, oder sind sie nur ein notwendiges Übel? Wie würde der Rest der Gemeinde reagieren, wenn Sie den Sonntagsgottesdienst ändern und kinderfreundlicher gestalten? Wäre es nur ein fauler Ausweg oder gesunder Menschenverstand, wenn Sie ein völlig neues Konzept für einen Gottesdienst für die ganze Familie an einem anderen Wochentag entwickeln? (Die Frage ist ernst gemeint und nicht nur rhetorisch. Wir müssen immer entscheiden zwischen dem Ideal und dem Machbaren!)

## Aber ist der Sonntag nicht heilig?

Viele Christen haben das Gefühl, der Sonntag sei die richtige Zeit, um zum Gottesdienst zusammenzukommen. Er ist der neue Sabbat, der Tag der Ruhe. Er ist der Tag, an dem sich die ganze Gemeindefamilie versammelt. Und Punkt. Mir fällt dazu die Zeile aus dem Lied «King of Glory» ein, die mich als Kind schrecklich verwirrt hat.

Sieben ganze Tage,
nicht einen von sieben,
will ich dich preisen.

*George Herbert*

(Ich konnte überhaupt nicht begreifen, wieso der Verfasser so wild entschlossen schien, Gott nicht mal an einem von sieben Tagen zu ehren. Hatte ihn total missverstanden!)

Gott ist ein Gott, der in keine Schublade passt. Christen können das Heiligsein nicht auf den Sonntag beschränken. Es muss ins ganze Leben hineinleuchten, so dass für das «königliche Priestertum», das «heilige Volk» der Gläubigen, jeder Teil heilig ist – das Heilige im Gewöhnlichen sozusagen. Es gibt keinen Grund, warum ein Gottesdienst am Donnerstag weniger Gottesdienst sein sollte als einer, der am Sonntag stattfindet.

Schwierigkeiten entstehen an der Frage, wie die etablierte Gemeinde die Donnerstagsversammlung wahrnimmt und wie die Donnerstagsversammlung sich selbst sieht. Ist sie wirklich auch Kirche? Das werden wir uns später noch ansehen.

### Zum Überlegen

- Ist der Sonntag für die Leute, die Sie erreichen wollen, wirklich am besten geeignet?
- Besuchen Sie einmal einen bestehenden Verein oder Club, um ein Gefühl dafür zu bekommen, wie man sich als Außenseiter vorkommt. Was würde Sie reizen, wiederzukommen?
- Wurde in den Sonntagsgottesdienst, so wie er ist, schon so viel investiert, dass man den regelmäßigen Besuchern eine Änderung kaum zumuten kann?
- Erleben Sie Ihren Gottesdienst einmal mit den Augen eines Kindes. Welche Elemente helfen ihm, Gott näherzukommen?

> Herr, gib mir die Gelassenheit, Dinge hinzunehmen, die ich nicht ändern kann; gib mir den Mut, Dinge zu ändern, die ich ändern kann; und gib mir die Weisheit, das eine vom andern zu unterscheiden.
>
> *Reinhold Niebuhr*

# Kapitel 2
# Überraschungs-Kirche
# – was ist das?

Die Überraschungs-Kirche ist eine einmal im Monat stattfindende Veranstaltung, zu der Familien kommen, um das Miteinander zu genießen, etwas zusammen zu tun, gemeinsam zu essen und Gott durch sein Wort, durch Musik und Gebet zu feiern. Die Ü-Kirche unterscheidet sich von einem Aktionstag für Kinder, weil sie ein Anlass für Kinder *und* ihre Betreuer oder Eltern ist, und sie ist wegen des gottesdienstlichen Elements, das alles untermauert, auch *mehr* als ein von der Gemeindebehörde organisierter Aktionstag.

Mit der Ü-Kirche versuchen wir eine gottesdienstliche Gemeinde für jedes Alter zu sein (mit Jesus im Mittelpunkt und christlicher Gastfreundschaft), die Menschen im Rahmen dieser Gemeinde die Möglichkeit gibt, ihrer Kreativität Ausdruck zu verleihen, sich gemeinsam zum Essen hinzusetzen und Spaß zu haben.

Unsere Prinzipien – in zufälliger Reihenfolge – lauten:

- Wir wollen Menschen aller Altersgruppen die Möglichkeit bieten, gemeinsam Gottesdienst zu feiern.
- Wir wollen Menschen aller Altersgruppen das Gefühl vermitteln, dass sie in die Gemeinde und zueinander gehören.
- Wir wollen Menschen helfen, miteinander Spaß zu haben.
- Wir wollen Menschen Gelegenheit bieten, die ihnen von Gott geschenkte Kreativität auszuleben.
- Wir wollen Menschen einladen, christliche Gemeinschaft zu erleben.
- Wir wollen Menschen mit Jesus bekannt machen, durch Gastfreundschaft, Freundschaft, Geschichten und Gottesdienst.

Die Veranstaltung läuft etwa folgendermaßen ab:

| | |
|---|---|
| 15:30 | Türöffnung. Die Leute kommen, spielen Brettspiele, es gibt Kekse und Getränke. |
| 16:00–17:00 | Kreativangebote |
| 17:00–17:15 | Andacht in der Kirche |
| 17:15–17:45 | Gemeinsame warme Mahlzeit |

## Die Elemente der Ü-Kirche

### *Begrüßung*

Die Veranstaltung beginnt um halb vier, aber wir fangen erst um vier Uhr mit den Kreativangeboten an. Die Überlegung ist folgende: Wer will, kann direkt mit den Kindern von der Schule kommen und sich den Weg nach Hause und zurück sparen. Andererseits bleibt aber auch Zeit, um nach Hause zu gehen und sich umzuziehen. In der ersten halben Stunde bieten wir Tee, Kaffee, Limonade und Kekse an, und auf Tischen und dem Fußboden liegt eine Reihe von Spielen: Brettspiele, Puzzles, Ausmalsachen, Memory, Tischfußball usw.

Jeder trägt sich beim Kommen ein (so dass wir bei Feueralarm eine Liste haben) und schreibt seinen Namen auf einen Sticker. Wir ermuntern die Helfer, ihr Material schon vor halb vier aufzubauen, damit sie bei den Spielen mitmachen und die Leute besser kennen lernen können. Die Gefahr ist groß, dass man mit seinen Aufgaben so beschäftigt ist, dass man darüber das eigentliche Anliegen vergisst, nämlich mit allen, die kommen, ob jung oder alt, Kontakt zu haben. Wir stellen auch ein «Opferkörbchen» neben die Anwesenheitsliste. Es ist schön, wenn man als Zeichen der Gastfreundschaft alles umsonst anbieten kann, aber die Leute freuen sich auch, wenn sie nicht nur Empfänger sind, sondern auch etwas geben können. Wir überlassen das aber den Einzelnen. Bei Ihnen in der Gemeinde wollen Sie das vielleicht anders machen.

Etwa um vier Uhr klettert jemand vom Team auf einen Stuhl und begrüßt alle Anwesenden, erklärt das Tagesthema und zählt zügig auf, welche Angebote es gibt. Wir machen das ganz kurz, weil die Leute da sind, um Spaß zu haben, und nicht, um lange Vorträge zu hören.

## *Die Angebote*

Von 16.00 bis 17.00 Uhr haben alle Gelegenheit, bei so vielen Kreativangeboten mitzumachen, wie sie möchten. Wir stellen in unseren beiden Sälen zirka zehn Tische auf. Bei jedem sind ein Erwachsener, ein Teenager oder ein Kind, die den Leuten zeigen, was wie gemacht wird. Es ist toll, wenn Kinder und Teenager mithelfen, aber es ist besser, wenn mehrere verantwortlich sind, damit alle die Möglichkeit haben, sich umzusehen und an anderen Tischen mitzumachen, und nicht immer am eigenen Tisch bleiben müssen. Auch unsere Senioren sind fantastische Leiter. Sie müssten nur einmal sehen, mit was für surrealen Einfällen Bob und Louise aufwarten oder wie Doreen (eine Urgroßmutter) auch mit den schüchternsten Kindern zurechtkommt.

Bei jedem der Themenvorschläge in diesem Buch finden sich zehn Bastelideen. Es handelt sich dabei um sehr einfache, leicht herzustellende Sachen, für die man je zirka fünf bis zehn Minuten braucht. Wir haben festgestellt, dass die Leute lieber mehrere kleinere Sachen machen als nur wenige, für die man länger braucht. Das ist frustrierend, weil man in fünf Minuten nicht wirklich neue Fertigkeiten lernen kann. Aber es sind alles Dinge, die Spaß machen. Es macht uns auch nichts aus, manche Ideen zu wiederholen. In einem Buch wie diesem wirkt das zwar unter Umständen etwas einfallslos, wenn wir zweimal Steine bemalen. Aber wenn die Veranstaltung nur einmal im Monat stattfindet, liegt das letzte Mal doch schon ziemlich lange zurück.

Wir versuchen Dinge vorzuschlagen, die alle Sinne ansprechen. Essbares kommt immer sehr gut an, aber da setzen wir einen «Drachen» als Leiter ein, der nicht nur darauf achtet, dass alle Hände vorher «mit Seife!» gewaschen sind, sondern der auch die Verteilung der Zutaten mit Argusaugen überwacht. Sonst essen die ersten drei Kinder schon alle Gummibärchen auf.

Wir haben auch festgestellt, dass die Eltern älterer Kinder sich manchmal nicht ganz wohl dabei fühlen, bei den Angeboten mitzumachen, da ihre Kinder sich unabhängig bewegen und nicht wollen oder brauchen, dass Mama die ganze Zeit mit ihnen bastelt. Deshalb legen wir Dinge auf, mit denen sich diese Eltern beschäftigen können, während sie beieinander sitzen und sich unterhalten – Dinge, die ein bisschen komplizierter und befriedigender sind, als nur das neue Top zu bekleckern. Auf diese Weise können die Eltern trotzdem etwas tun, und die Kinder können dabei mitmachen, wenn sie wollen. Das ist besser als andersherum. So konnten sie zum Beispiel einmal hübsche Geschenktüten mit Papier bekleben, und wir haben auch Glasmalstifte gekauft, mit denen sie Flaschen dekorieren und mit Badesalz füllen konnten, die dann beim Bazar verkauft wurden. Das macht Spaß, lässt der Kreativität freien Lauf und ist noch dazu nützlich.

### Die Andacht

Es lohnt sich, der Andacht ausreichend Energie zu widmen, da sie unter Umständen das einzige Mal im Monat ist, wo ein großer Teil der Leute, die zur Ü-Kirche kommen, im Gottesdienst sitzen. Unsere Andacht findet in der Kirche statt und ist ein sehr kurzer Gottesdienst, mit dem wir eine Seite Gottes feiern, basierend auf dem Thema, das schon beim Basteln behandelt wurde. Einige Ideen werden in den Themenvorschlägen näher erläutert. Auf der Barnabas-Website finden sich viele weitere Gottesdienstvorschläge, die auch die Kinder mit einbeziehen (siehe: www.barnabasinchurches.org.uk – leider nur in Englisch).

Wie bei allen Ideen in diesem Buch werden einige von uns schon praktiziert. Bei manchen wissen wir, dass wir sie umsetzen sollten, haben es aber noch nicht geschafft, und andere würden wir auch in einem Monat voller Donnerstage nicht schaffen. Aber sie sind trotzdem sehr gut, und wenn wir einen Familienbeauftragten hätten, würden wir sie bestimmt ausprobieren. Ja, wenn wir nur genug Platz und Zeit hätten! So schlage ich sie nur zögerlich vor und hoffe, dass Sie nicht alles anschauen wollen, falls Sie uns einmal besuchen. Wie auf einer Baustelle ist alles noch ein bisschen … nun … chaotisch.

Wir versuchen auch nicht zu vergessen, dass das meiste, was die Menschen aus der Kirche mitnehmen, nicht von der Predigt kommt, sondern aus non-verbalen Botschaften. Aus dem, was wir sehen, hören, riechen und berühren, aus der Art, wie wir begrüßt werden (oder nicht), und aus den Erwartungen und dem Verhalten der Menschen um uns herum.

### Wechsel in den Gottesdienstraum
Traditionsgemäß steht in der Gemeinde jemand an der Tür, der die Ankommenden begrüßt und Gottes Liebe ein Gesicht gibt. Wenn Sie einen Gottesdienst mit Mitgliedern der «erweiterten Familie» haben, die sonst nicht zur Kirche kommen, ist es, wenn Sie die Andacht in der Kirche

selbst abhalten, doppelt wichtig, jemanden zu haben, der alle beim Eintreten begrüßt. Am Anfang haben wir nach den Kreativangeboten alle in die Kirche gedrängelt, aber jetzt versammeln wir uns im Saal und bilden eine zwar wackelige, aber doch irgendwie geordnete Prozession. Wenn wir irgendwann noch besser organisiert sind, probieren wir es vielleicht auch einmal mit Fahnen ... Bändern ... Instrumenten ... einer guten Marschmelodie?

Nützlich sind vielleicht auch ein paar «Platzanweiser», die den Leuten helfen, einen Sitzplatz zu finden. Mal abgesehen von der strengen Ordnung im Sonntagsgottesdienst oder in Schulversammlungen, sind die Erwartungen verschieden, und vor allem Kinder brauchen manchmal sanfte, aber bestimmte Hilfe, um zu wissen, was sich in einer Kirche schickt. Sollen sie sich auf die Kanzel hocken? Wenn nicht, müssen wir das klarmachen, da die Kanzel ein interessanter Sitzplatz zu sein scheint, wenn man sechs Jahre alt ist.

Erwarten wir, dass die Erwachsenen bei ihren Kindern sitzen und auf sie aufpassen? Ein Teil der älteren Kinder will sicher lieber bei den Freunden sitzen, und auf das Aufpassen der Eltern können wir uns nicht verlassen. Diese Erwartungen kommen ja von unserem Team, aber wenn alle am Tischdecken oder am Aufräumen vom Basteln sind, haben sie keine Zeit, die Verhaltensmaßregeln durchzusetzen.

Egal, ob Sie für die Andacht in Ihre Kirche gehen oder nicht, versuchen Sie einmal, den Ort mit den Augen eines Kindes zu sehen. Sind die Sitzgelegenheiten auch für Leute mit kurzen Beinen bequem? Wo sollen die Rollstühle hin? Welche Hindernisse gibt es? Wie wäre mir zumute, wenn ich als Kind hier hereinkäme? Ist es warm genug für Babys oder ältere Leute? Ist es sauber genug, dass kleine Kinder auf dem Boden herumkrabbeln können?

Wir verändern immer gern ein wenig im Raum, so dass es neben der Kontinuität auch Abwechslung gibt. Vielleicht kann es beim Hereinkommen jedes Mal etwas Neues zum Anschauen geben: ein Bild vorn im Raum, eine Dekoration zum Thema an den Bänken, einen Thementisch mit Dingen darauf, die zum Staunen anregen.

Auch Musik ist wichtig, um eine bestimmte Atmosphäre zu schaffen. Es ist ein Unterschied, ob eine CD läuft oder Musiker live spielen. Wir müssen überlegen, ob es besser ist, wenn die Leute beim Hereinkommen singen, oder ob sie sich wohler fühlen, wenn sie Gelegenheit haben, um zu plaudern und einen Platz zu suchen, ohne sich um den Liedtext kümmern zu müssen. Musik kann beruhigend und friedlich sein oder anregend.

Auch der Geruch, der in der Kirche oder dem Andachtsraum hängt, sollte bedacht werden. Vielleicht kann man einmal Öllämpchen aufstellen, Räucherkerzen oder aromatische Gewürze. All das kann die Atmosphäre beeinflussen.

Kinder möchten außerdem gern wissen, was sie mit sich anfangen sollen, während die anderen ihren Platz suchen.

- Ein Lied singen.
- Eine Kerze betrachten.
- Auf dem Platz eine Geschichte für später finden.
- Eine PowerPoint-Präsentation anschauen mit Bildern der Dinge, die sie gerade gebastelt haben, oder einen kurzen Videoclip (zum Beispiel Anbetungslieder mit Bewegungen).

Eine Handpuppe, die über die Kanzelbrüstung oder das Lesepult schaut, kann helfen, die Kinder in diesen schwierigen Minuten bei Laune zu halten.

*Der Gottesdienst selbst*
Bei uns ist er einfach. Die Teilnehmer werden so weit wie möglich involviert. Alles wird auf das Thema bezogen, damit möglichst viel hängen bleibt. Und er ist praxisbezogen.

**Einfach.** Teenager mögen Hightech, schwarze Kästchen mit Knöpfen dran, Bildschirme und aufblitzende Lichter. Kleinere Kinder brauchen das alles nicht. Sie freuen sich auch am Miteinander, am Kontakt, an lebenden Menschen oder leblosen Puppen, an der Stille genauso wie am Lärm (und manchmal noch mehr). Sie mögen Geschichten, Theaterspiele und Singen – Dinge, bei denen sie mit einbezogen werden und die ihre Fantasie anregen.

Eine einfache, aber gut erzählte Geschichte bleibt bei Erwachsenen und Kindern viel besser haften als alle blitzenden Effekte, die wir uns leisten könnten. Finden Sie die Geschichtenerzähler in Ihrer Gemeinde und binden Sie sie ein.

**Zum Mitmachen.** Wo immer möglich versuchen wir die Ein-Mann-Show zu vermeiden, bei der alle anderen ruhig in ihren Bänken sitzen müssen. Stattdessen versuchen wir alle so oft wie möglich einzubeziehen. Kinder lernen Gott durch Bewegung genauso kennen wie durch

Stillsitzen, durchs Spielen genauso wie durchs Beten, durch ihre Hände und Füße genauso wie durch den Kopf. (Und Erwachsene …?)

Also versuchen wir bei allen Elementen des Gottesdiensts – Predigt, Gebet, Singen – Gelegenheiten zu schaffen, bei denen jeder sich etwas anschauen, etwas halten, berühren, sich ausdenken, mitmachen kann. Wir bauen Zeiten ein, wo die Leute eine Frage in Gruppen diskutieren, ein Bild malen, beten oder etwas anderes tun können. Das unterstreicht, warum wir hier zusammen sind, nicht als Einzelne, sondern als große Familie.

**Themenbezogen.** Wir müssen jede Menge Elemente einbauen, die den Leuten helfen, sich zu merken, worum es bei unserem Thema geht. Wir versuchen, anschaulich zu sein, nutzen Tageslichtprojektor oder Beamer, Bücher, Bilder oder Gegenstände. Wir achten darauf, dass alle Aspekte des Gottesdiensts das Thema unterstreichen.

Dabei lassen wir unserer Kreativität freien Lauf. Wie kann zum Beispiel ein Gebet aussehen, das mit dem Gleichnis vom Sämann (Markus 4,1–8) zu tun hat? Können wir uns vorstellen, kleine Samenkörner in der Hand zu halten, die wir Gott als Gabe bringen, und so zu tun, als würden wir sie einpflanzen, als Symbol, dass wir alles, was wir haben, ihm bringen wollen? Wollen wir aus Karton Samenkörner ausschneiden und Gebete daraufschreiben oder -malen und sie vorn auf ein Feld aus Kartonbögen legen? Könnten wir für jedes Gebet, das wir sprechen, ein richtiges Samenkorn einpflanzen und es bis zum nächsten Mal wachsen lassen? Können wir uns eine kurze Abfolge von Handbewegungen ausdenken, mit der wir darstellen, wie wir säen, gießen und ernten – Gott für die guten Dinge danken, die er uns gibt – bekennen, wie leid es uns tut, wenn wir sie nicht in der richtigen Weise gebrauchen – und ihn darum bitten, dass unser Leben eine gute Ernte bringt?

Auf Seite 75 von Margaret Coolings Buch *Creating a Learning Church* findet sich eine fantastische Liste für kreative Gebetsideen.

**Praxisbezogen.** Wir achten darauf, dass die übernatürlichen Wahrheiten über Gott einen konkreten Bezug zum Alltag der Menschen haben. Wir legen unseren kirchlichen Jargon ab, außer da, wo er den Menschen hilft und wir sicher sind, dass sie ihn verstehen. Selbst das harmlose «Bitte nehmen Sie Platz» kann pompös und überfromm klingen. Warum nicht einfach: «Bitte setzen Sie sich»?

Wir suchen in der Geschichte oder dem Bibelabschnitt nach Bezugspunkten zum Leben der Leute, die zu uns kommen. Was hat diese Geschichte ihnen zu sagen? Was geht sie der langhaarige Bursche an, der da vor langer Zeit durchs Rote Meer gezogen ist? Was hat ein Weinstock oder ein Hirte mit ihrem Leben am Rande von Portsmouth zu tun?

Wir verwenden wirkliche Beispiele aus dem Leben unserer Stadt oder aktuellen Situationen und schreiben eine Geschichte, wenn nötig, auch um: «Ein Mann war einmal spät nachts auf der London Road unterwegs, als er von ein paar Betrunkenen aus dem nächsten Pub zusammengeschlagen wurde …» Jesus redete von Orten und Personen, die seine Zuhörer sofort erkannten, und wir wollen es genauso machen.

Dennoch sind feste Abläufe und Rituale wichtig, vor allem für kleinere Kinder, deshalb bleiben einige Elemente unseres Gottesdienstes immer gleich – die Begrüßung oder der Segen zum Beispiel. Wir haben stille Momente und laute. Wir möchten den Leuten helfen, einen Augenblick zu erleben, in dem sie spüren, dass sie in Gottes Hand sind.

Überlegen Sie, welche Teile Ihres normalen Gottesdiensts den Menschen helfen könnten, Gottes Nähe zu spüren. Das Vaterunser? Das Glaubensbekenntnis? Beichte und Absolution? Das Abendmahl? Die Textlesung? Sind das wichtige Elemente, auf die Sie nicht verzichten können oder wollen, oder nur «hübsche Zutaten», die Sie nur hin und wieder brauchen? Oder sind sie in diesem Zusammenhang überhaupt nicht angebracht? Wir versuchen nicht, in den fünfzehn Minuten eine volle, ungekürzte Liturgie unterzubringen. Wir wählen aus und beschränken uns, aber das versuchen wir gut zu machen.

Ein Grundgerüst, das bei uns prima funktioniert, sieht so aus:

- Eingangslied
- Geschichte oder Illustration
- Lied als Antwort auf das Gehörte
- Gebet
- Segen

Normalerweise leitet bei uns der Pfarrer den Gottesdienst. Aber das ist nur so, weil wir anderen alle bis über die Ohren mit Basteln und Kochen beschäftigt sind und er Zeit hat, sich voll auf diesen einen Aspekt der Veranstaltung zu konzentrieren. (Er kann das auch sehr gut.) Oft werden aber auch Teile der Andacht oder die ganze Andacht von verschiedenen Laien geleitet.

Die Ü-Kirche lädt uns ein, auch im Gottesdienst kreativ zu sein. Natürlich machen wir Fehler, genauso wie ein Künstler oder Komponist während des kreativen Prozesses Fehler macht. Aber es ist besser, etwas auszuprobieren und dabei etwas verkehrt zu machen, als überhaupt nichts zu versuchen. Das wäre ganz bestimmt ein Fehler.

Die Persil-Werbung von 2005 hat es ziemlich getroffen. Sie zeigte Menschen aller Altersgruppen bei unterschiedlichen Tätigkeiten, bei denen sie sich die Kleider schmutzig machten und dann behaupteten, nicht der Schmutz sei wichtig, sondern die Gefühle oder der kreative Prozess, der hinter dem Schmutz stecke. Ähnlich können wir sagen, es ist nicht in sich selbst eine Tugend, wenn wir brav und still in unserer Kirchenbank sitzen. Gott im Geist und in der Wahrheit anzubeten erfordert nicht nur Mut, sondern unter Umständen auch ein gewisses Maß an kreativem Chaos. Und dabei geht hin und wieder auch mal etwas schief.

> Es ist ganz sicher unser Ziel, im Lauf der Zeit immer weniger Fehler zu machen und aufgrund von allem, was wir gelernt haben, kalkulierte Risiken einzugehen. Aber wenn wir kreativ sein wollen, wird es uns nie gelingen, uns gänzlich von den Fehlern zu verabschieden. Die gehören dazu.
>
> *Nancy Beach über die Willow-Creek-Gemeinde, in:*
> *«An Hour On Sundays», Zondervan 2004, Seite 182*

Dann ist da auch noch die interessante Frage, was die Leute von der Ü-Kirche mit den Gottesdienstbesuchern vom Sonntag zu tun haben. Die beiden Gruppen müssen wissen, wie eng sie zueinander gehören und wie sehr sie einander brauchen. Bei uns ist dieser Prozess noch nicht abgeschlossen.

Wir sollten am Donnerstag für die Sonntagsleute beten und umgekehrt. Wir sollten ab und zu am Anschlagbrett darauf hinweisen, was die anderen gerade machen. Wir sollten dafür sorgen, dass jene, die nur zur Ü-Kirche kommen, genauso Zugang zu den Gebetsstrukturen haben (die E-Mail-Liste mit den Gebetsanliegen zum Beispiel) wie der Rest der Gemeindefamilie. Wissen sie, wie sie an den Gemeindebrief kommen? Wissen sie, mit wem sie im Notfall über Probleme oder geistliche Fragen reden können?

Machen wir bei den Leuten in der Ü-Kirche gezielt Werbung für bestimmte Gemeindeveranstaltungen: gesellschaftliche Anlässe, die Alpha-Essen, die Elternkurse, den Emmaus-Kurs, den Konfirmandenunterricht? Können wir jemanden vom Seelsorgeteam dazu überreden, jeden Monat dabei zu sein, um mit den Leuten der Ü-Kirche zu reden und sie kennen zu lernen, damit, falls es mal zur Krise kommt, bereits ein Kontakt besteht? Es gibt so viele Möglichkeiten. Wir schaffen es bis jetzt noch nicht, alle wirklich auszuschöpfen, aber nach und nach werden wir dahin kommen, dass es nicht nur bei den guten Ideen bleibt.

Interessant ist auch der Gedanke, wie chaotisch es bei den Gottesdiensten im Alten Testament zuging: Tiere und Vögel auf dem Altar, krümelige Kuchen, über die Öl gegossen wurde, Wasser spritzte, Weihrauch glühte, Fett und Nieren wurden verbrannt, der Priester besprengte alle mit Opferblut. Man muss nur die ersten Kapitel von 3. Mose lesen, dann erkennt man, dass für Gott nicht der saubere Teppich das Wichtigste ist.

In unserer Kirche kämen wir mit einem solchen Durcheinander nicht davon: Die Küster würden durchdrehen. Aber Gott sieht das wohl anders. Worauf er achtet, ist, ob der Gottesdienst ihn ehrt und Menschen dadurch näher zu ihm finden. Unsere Aufgabe ist es nicht, darauf zu achten, dass alles sauber und ordentlich abläuft, sondern unser Bestes zu geben und alles daranzusetzen, dass es so echt, relevant, lebendig und auf Christus zentriert ist, wie wir können – und dann auch das Staubsaugen hinterher als Dienst zu sehen.

Am Anfang haben wir die Andacht *nach* dem Essen abgehalten. Im Lauf der Zeit haben wir aber umgestellt, da einige Leute gingen, sobald sie ihren Kuchen gegessen hatten. Und wir wollten allen einen guten Grund geben, sich trotz ihres geschäftigen Lebens Zeit für den Gottesdienst zu nehmen. Mit dem Essen aufzuhören hat den Vorteil, dass jeder bis zum Schluss dableibt und bei der Hauptsache dabei ist – dem Gottesdienst. Mit dem Gottesdienst aufzuhören wiederum hat den Vorteil, dass damit ein klarer «Schlusspunkt» gesetzt ist: Jeder weiß, dass es jetzt Zeit ist zu gehen. Außerdem werden die Helfer in der Küche früher fertig.

Kirchen können das Identitätsgefühl innerhalb ihrer verschiedenen Gemeindezweige stärken, wenn sie einige der folgenden Ratschläge beherzigen. Je mehr diese berücksichtigt werden, desto gesünder und stärker wird das Bewusstsein wachsen, dass jeder Zweig als solcher «Kirche» ist:

■ Verwenden Sie bewusst und konsequent verschiedene Gottesdienststile – etwa eine Taizé-Versammlung am Nachmittag, einen Gottesdienst für Eltern mit kleinen Kindern oder einen, der hauptsächlich vom Chor gestaltet wird.

- Setzen Sie für jeden dieser Gottesdienststile einen engagierten und von allen anerkannten Leiterkreis zusammen.

- Definieren Sie für jeden Zweig einen Kernauftrag, vielleicht eine bestimmte Altersgruppe, die erreicht werden soll, einen geografisch definierten Verantwortungsbereich, wenn die Gemeinde sehr groß ist, oder eine am Ort relevante soziale Frage.

- Stellen Sie jedem Bereich diskrete pastorale Hilfe zur Verfügung.

- Vermeiden Sie bei der Wortwahl jegliche Anspielung darauf, dass einer der Gemeindezweige die «Hauptgemeinde» sei.

- Setzen Sie ein Team oder eine Arbeitsgruppe ein, in denen jeder Gemeindezweig angemessen vertreten ist.

Bei diesem Ansatz besteht allerdings die Gefahr, dass das Vorgehen sehr stark von den Gottesdiensterwartungen jener beeinflusst wird, die bereits da sind. Deshalb sollte man auf eine klare missionarische Ausrichtung achten und sich um Zusammenarbeit mit der Gemeinde außerhalb der Kirchenmauern bemühen, sonst dient der Versuch, die verschiedenen Gemeindezweige stärker zu betonen, womöglich nur dazu, die bereits vorhandenen Gemeindeglieder glücklich zu machen.

*John Hull, «Mission-Shaped Church», CHP, 2004, Seite 59–62*

### Essen

Wir wollten nicht, dass die Leute mit den Kindern direkt nach der Schule zur Ü-Kirche kommen, sich dort zwei Stunden mit den Kindern beschäftigen und dann nach Hause gehen und das Abendessen vorbereiten müssen. Deshalb versuchen wir ein Essen auf den Tisch zu bringen, wie es die Familie auch zu Hause machen würde – sogar mit Gemüse. Im Rezeptteil dieses Buches finden Sie ein paar Anregungen, die nicht die Welt kosten. Im Abschnitt mit den Themenvorschlägen gibt es zu den Gerichten jeweils einen Serviervorschlag, da wir durch Versuch und Irrtum (vor allem Irrtum) festgestellt haben, dass es weit komplizierter ist, ein warmes Essen für eine große Anzahl Personen aufzutischen, als es klingt.

Zum Dessert gibt es bei uns Kuchen statt Pudding. Damit ersparen wir uns den Abwasch von zusätzlichen Schüsseln oder Tellern. Wir bitten jeden Helfer, einen Kuchen mitzubringen. Bei unserer ersten Geburtstagsfeier fragte eine unserer Zwölfjährigen, Sophie, ob sie den Geburtstagskuchen machen dürfte – er war besser als alles, was wir gebracht hätten. Trotzdem gibt es Zeiten, wo wir nicht genug Helfer haben und uns entscheiden müssen, ob wir etwas ganz Einfaches kochen oder die Kirche ausfallen lassen.

Ein Sommer-Gottesdienst, bei dem wir nur Würstchen aufwärmen mussten und dazu Kräcker, Schoko-Eis und Obst servierten, entpuppte sich als großer Erfolg. Es wurde draußen gegessen wie bei einem großen Picknick, und wir mussten nur noch die Töpfe spülen, in denen wir die Würstchen heiß gemacht hatten. Fantastisch!

Vielleicht macht es Ihnen Angst oder erscheint Ihnen geradezu unmöglich, eine warme Mahlzeit für so viele Leute zuzubereiten. Wir haben zum Glück eine große Küche und einen Geschirrspüler, auch wenn der Gasherd so eigensinnig ist, dass es an Wahnsinn grenzt. Ich habe aber auch schon in Gemeindehäusern gearbeitet, in denen es nur eine mickrige Mikrowelle und ein wackeliges Spülbecken gab. Ja, wir geraten regelmäßig in Panik, wenn wir für 60 bis 90 Personen Essen verteilen, vom gierigen Teenager bis zum quengelnden Kleinkind.

Aber wenn das gemeinsame Essen für Sie wichtig ist, weil es Leute zusammenbringt, dann werden Sie auch einen Weg finden, wie Sie das organisieren können. Vielleicht werden Sie keinen Hirtenauflauf für sechzig Personen backen, aber vielleicht können sechs von Ihnen jeweils genug für zehn Personen vorbereiten? Kann jeder eine Platte mit belegten Broten mitbringen? Kann jede Familie etwas Geld für eine Currywurst erübrigen, oder wollen Sie den Pizzadienst kommen lassen? Wollen Sie einfach Kuchen aufstellen und miteinander Kaffee trinken?

Gemeinsames Essen hat etwas Heiliges, egal, wie viel oder wenig auf den Tellern liegt. Ich frage mich auch, wie viele der Kinder je mit ihren Eltern zusammen am Tisch sitzen. Die Überraschungs-Kirche ist vielleicht die einzige Gelegenheit, wo das der Fall ist.

Wir beginnen immer mit unserem speziellen Tischgebet. Dabei brauchen wir drei Finger in der Luft. Bei jeder Zahl drehen wir die Hand um 180 Grad und bewegen die Finger hoch oder runter und sagen dabei: «3, 2, 1; 1, 2, 3; Herr, auch beim Tee sei du dabei.» Sie können auch im Internet nach Tischgebeten für Kinder suchen.

Noch einmal zum bereits erwähnten Problem: «Wie wissen die Leute, wann die Mahlzeit zu Ende ist und sie gehen sollten?» Wir haben dazu die Geburtstagsglückwünsche während des Nachtischs eingeführt. Wir rufen dabei alle auf, die im letzten Monat Geburtstag hatten, ob jung oder alt, singen ihnen eine spezielle Version von «Happy Birthday» mit unseren Segenswünschen und überreichen ihnen ein kleines Geschenk. Damit zeigen wir nicht nur jedem Einzelnen, dass er bei uns seinen besonderen Platz hat, sondern signalisieren auch freundlich, dass es Zeit zum Aufbruch ist: «Herzlichen Dank. Wir hoffen, es hat Ihnen gefallen, und freuen uns, wenn Sie nächsten Monat wiederkommen.»

## *Vielfalt*

Es ist gut, einen festen Rahmen für die Veranstaltung zu haben. Wir lernen aber auch, wie wichtig es ist, für Abwechslung zu sorgen. Deshalb versuchen wir hin und wieder etwas einzuführen, das vom Gewohnten abweicht. Manchmal, weil es notwendig ist: Im Sommer, als wir nur wenige Leiter hatten, gab es nur vier Kreativangebote, und die wurden von allen gemeinsam gemacht. Das hatte zur Folge, dass die Leute sich mehr engagierten und mehr miteinander redeten.

Andererseits hängt es auch von den Jahreszeiten ab: Um Ostern hatten wir während des Essens eine spezielle Zeremonie, um an das Passahmahl zu erinnern. Es handelte sich um ein einfaches Frage- und Antwort-Spiel über die verschiedenen Nahrungsmittel auf dem Tisch.

Auch andere Feste im Ablauf des Jahres bieten Gelegenheit für Abwechslung und können besonders hervorgehoben werden. Zum Erntedankfest zum Beispiel kann man einen Ausflug auf ein Erntefeld machen oder Geschenke in ein Altersheim bringen. Beim Essen kann man für jede Person ein extra Brötchen backen und während der Mahlzeit eine kurze Betrachtung zum Thema Brot einflechten. Weihnachten bietet natürlich jede Menge Gelegenheiten zum lauten oder leisen Feiern. Wir hatten an Weihnachten einmal eine Disco, die von der Jugendgruppe als ihr «Beitrag» an die Gemeinde betrieben wurde.

Es kann auch Spaß machen, die ganze Veranstaltung einmal im Freien abzuhalten, vielleicht wenn eine der «Draußen»-Geschichten dran ist wie zum Beispiel die Speisung der Fünftausend oder die Bergpredigt. Oder als Überraschung gibt es in der ersten halben Stunde nur Spiele, mit einem Schwungtuch oder einer Hüpfburg, oder Sie laden einen Tanzlehrer oder einen Theaterregisseur ein.

# Kapitel 3

# Die Ziele der Ü-Kirche

## Eine gottesdienstliche Gemeinschaft sein

Wir haben ganz bewusst den Gottesdienst in die Struktur der Ü-Kirche mit einbezogen, auch wenn es oft schwierig ist, ihn zu planen und zu leiten. Wir wollten, dass alle Gelegenheit haben, die geistliche Seite des Lebens kennen zu lernen, und einen Platz finden, an dem sie Gott gemeinsam begegnen können. So stehen wir auch nicht in der Gefahr, die Ü-Kirche als Zulieferer zur Sonntagskirche zu betrachten. Sie ist eine eigenständige gottesdienstliche Gemeinschaft, und wir freuen uns und schätzen es, dass Menschen aller Altersgruppen kommen und sich im kirchlichen Umfeld wohlfühlen.

Ausgehend von dem Prinzip, dass wir alle im Glauben unterwegs sind, halten wir die Augen dafür offen, was für uns alle der nächste Schritt sein könnte, für die Gottesdienstbesucher am Sonntag wie für die am Donnerstag (Ü-Kirche).

Für manche wäre vielleicht die Einladung zu einem christlichen Elternkurs an der Reihe. Für andere könnte es die Einladung in einen Hauskreis sein, die Mitarbeit in anderen Bereichen des kirchlichen Lebens, beispielsweise in der Jugendgruppe oder bei den Erwachsenentreffen, oder vielleicht der Besuch eines Alpha-Kurses oder eines evangelistischen Anlasses mit anderen Christen.

Die Ü-Kirche will Menschen Gelegenheit bieten, innerhalb eines christlichen Rahmens Gott anzubeten, Freunde zu finden und ihre Kreativität zu entdecken. Wir versuchen sie zu einem Ort zu machen, an dem Menschen durch eine Mischung aus Vertrauen und Geborgenheit im Glauben wachsen können. Ihre Fragen und Zweifel werden sie wahrscheinlich anderswo los.

> Alles, was lebt, lobe den Herrn! (Psalm 150,6).

# Für alle Altersstufen geeignet

Wir sind der festen Überzeugung, dass unsere Gesellschaft und unsere Kirchen für alle Altersstufen zugänglich sein müssen. In unserer Gesellschaft in England müssen wir Dinge tun, an denen die gesamte Familie teilnehmen und voneinander lernen kann, von den Babys bis zu den Urgroßeltern. Themenparks werben damit, dass sie «Spaß für die ganze Familie» bieten – ja, wenn Papa gern auf die Riesenrutsche geht und es Mamas Vorstellung von Abenteuer entspricht, sich zum fünften Mal die Biene Maja als Trickfilm anzusehen.

Die Kirche sollte sich intensiv bemühen, auf den Trend aufzuspringen. Denn genau so sollten wir leben: als Gemeinschaft – was Kathryn Copsey «das gesunde Dorf der Kirche» nennt (*From the Ground Up*, Barnabas, 2005).

Da ich selbst weit entfernt von meinen Eltern wohne, bin ich sehr froh über die Ersatz-Omas in unserer Kirche, die meine Kinder an sich drücken, und für den reichen Schatz an Erfahrungen, den wir miteinander teilen, wenn wir Woche für Woche mit Babys, Teenagern, Marineoffizieren, problembeladenen Erwachsenen, afrikanischen Familien, glücklichen Menschen, Kränkelnden, Kleinkindern, Begleithunde-Trainern, Schlagzeugern, Fürsorgern, Malern, Sprachtherapeuten usw. zusammenkommen. Die Liste der «gesunden Dorfbewohner» ist endlos und bietet uns weit mehr, als wir aus dem begrenzten Fundus unserer Kernfamilie nähren könnten.

Dabei machen wir ständig Fehler. So wollten wir zum Beispiel künstlerische Aktivitäten anbieten, bei denen Erwachsene genauso viel lernen können wie Kinder, aber daran arbeiten wir noch: Erwachsene möchten sich viel länger auf eine Sache konzentrieren, als Kinder das können, und unsere Angebote drehen sich eher um Dinge, die Kinder auch schaffen können, als so komplizierte Sachen wie Kalligraphie und Federzeichnung, die Erwachsene voller Stolz mit nach Hause nehmen könnten.

Auch das Essen soll eher dem Gaumen der Kinder schmecken als dem der Erwachsenen. Wie schön wäre es, bei einem dreigängigen Menü entspannt ein Glas Wein zu trinken. Unmöglich! Trotzdem kommen die Leute gern, wenn sie spüren, dass sie hier mit Freunden zusammen sind.

Deshalb versuchen wir vor allem auf den Aufbau von Beziehungen hinzuarbeiten und erinnern die Mitarbeiter immer wieder daran, dass nicht die perfekt geklebte Collage das Wichtigste ist, sondern die Namen der Leute zu kennen, die bei einem Angebot mitmachen, und ihnen zuzuhören. Welche Rolle spielt es, ob die Teller schnell genug abgeräumt werden, wenn wir noch mit der allein erziehenden Mutter oder einem munter plappernden Fünfjährigen reden sollten? Es ist gut, das Team an Maria und Martha zu erinnern!

> An diesem Tag wurden viele Tiere für das Opfermahl geschlachtet. Gott schenkte uns allen, Männern, Frauen und Kindern, große Freude. Unser Jubel war noch weit weg von Jerusalem zu hören (Nehemia 12,43).

## Christus im Mittelpunkt haben

Ein Punkt, an dem wir im Blick auf die Ü-Kirche noch kämpfen, ist die Frage: «Sind wir nur ein Club, oder sind wir Kirche?» Der Unterschied zwischen einem Club und einer Kirche, so meinen wir, ist der, dass es sich bei einem Club um eine Gruppe von Personen handelt, die ein gemeinsames Interesse haben. Aber eine Kirche ist, in den Worten von Erzbischof Rowan Williams, etwas, das «passiert, wenn Menschen dem auferstandenen Jesus begegnen und es sich zum Anliegen machen, diese Begegnung in ihrer Begegnung mit dem Nächsten zu pflegen und zu vertiefen» (aus dem Vorwort zu: *Mission-Shaped Church*).

Wenn bei dem, was wir in der Ü-Kirche tun, Christus im Mittelpunkt steht, und wir das gemeinsame Interesse am Basteln als Sprungbrett nutzen für ein besseres Verständnis von Gott, voneinander und von seiner Welt, dann sind wir auf dem Weg dazu, Kirche zu sein. Wenn wir unser gemeinsames Interesse als Brücke nutzen zwischen Menschen an den fließenden Rändern der Kirche und einer Beziehung zu Jesus und seiner Familie der Gläubigen, dann sind wir auf dem Weg dazu, Kirche zu werden.

> Nach absolut zuverlässigen Quellen werden rund 60 % der britischen Bevölkerung von den Kirchen nicht erreicht. In städtischen Gebieten und bei den unter Vierzigjährigen ist der Anteil beträchtlich höher, und er nimmt Jahr für Jahr zu. Viele Personen in dieser Gruppe glauben zwar an Gott; viele interessieren sich

Das Schöne ist, dass wir uns auf der Brücke über dieser Kluft alle auf derselben Ebene begegnen. Die gemeinsame Grundlage ist das Interesse an kreativen Aktivitäten (oder der von allen geteilte Wunsch, mit den Kindern etwas zu unternehmen, wozu man keinen Bildschirm und keinen Joystick braucht). Es ist nicht «unser Territorium», wie die traditionelle Kirche auf den Außenstehenden eben häufig wirkt, mit den unverständlichen Liedern, dem unerklärlichen Aufstehen und Niederknien, den ungeschriebenen Regeln über das Stillsein oder Mitmachen. Nein, wir treffen uns auf gleicher Ebene als Kleckser, Kleber oder Kritzler, das Heimteam genauso chaotisch wie die Neulinge, und bei allem, was wir tun, versuchen wir wie Christus zu sein und Christus vorzuleben.

Die Frage ist, ob alle, die kommen, auch das Anliegen haben, die Begegnung mit Christus zu pflegen und zu vertiefen, und ich bin sicher, bei vielen ist das nicht der Fall. Aber dasselbe ließe sich bestimmt auch über die Besucher der Sonntagsgottesdienste sagen. Im nächsten Kapitel «Was ist Kirche?» werden wir diese Frage noch genauer betrachten.

Ihr werdet als Gottes vorbildliche Kinder mitten in dieser verdorbenen und dunklen Welt leuchten wie Sterne in der Nacht (Philipper 2,15).

## Gastfreundlich sein

Essen spielt in der Ü-Kirche eine große Rolle, da etwas Heiliges geschieht, wenn Menschen zusammensitzen und miteinander essen. «Heilig» mag im Zusammenhang mit einer Mahlzeit, bei der sich fünfzig unter 13-Jährige (und einige über 40-Jährige) um das Stück Kuchen mit dem meisten Zuckerguss streiten, etwas seltsam klingen, aber es stimmt. Vielleicht weil es ein Merkmal des Reiches Gottes ist – das Fest, das Festmahl, das Brotbrechen. Miteinander zu essen bietet mehr Gelegenheiten, um Freundschaften zu knüpfen. Und für Freunde und Fremde ein Mahl zuzubereiten zeigt etwas von Gottes Freigebigkeit. Auch wenn Sie das Gefühl haben, Sie könnten nicht mehr als eine Tasse Tee und ein paar Kekse anbieten, überlegen Sie, wie Sie als Gottes Kinder miteinander essen können. Was die missionarisch gesinnte Kirche braucht, sind vielleicht weniger Jugendarbeiter und mehr bezahlte Gemeinde-Caterer!

> Was immer ihr tut, was ihr auch esst oder trinkt, alles soll zur Ehre Gottes geschehen (1. Korinther 10,31).

## Kreativ sein

Mit Farbe und Leim herumzuhantieren ist eine Beschäftigung, die direkt mit der Frage zu tun hat, was Menschsein bedeutet. Wir sind als Ebenbilder Gottes erschaffen, und Gott ist der große Schöpfer. Wenn wir gemeinsam spielen und etwas kreieren, dann sind wir ein Echo seiner spielerischen Kreativität und werden dabei selbst erneuert und zurechtgebracht.

Ob Gott mit Supernovä hantiert oder wir mit den Joghurtbechern von letzter Woche – wo ist der Unterschied? Wenn unsere Kreativität in die seine einstimmt, dann wird etwas in unserer Spiritualität wiederhergestellt. Unser Team bemüht sich, kreativ zu bleiben, sich immer wieder neue Ideen und Strukturen einfallen zu lassen, Krisen als kreative Möglichkeiten zu nutzen und jede Begegnung als eine Chance für den Bau des Reiches Gottes zu betrachten, Steinchen für Steinchen, Gespräch um Gespräch, Brötchen um Brötchen.

> So schuf Gott den Menschen als sein Ebenbild, als Mann und Frau schuf er sie (1. Mose 1,27).

# Kapitel 4
# Was ist Kirche?
# Eine theologische
# Betrachtung

Weil das Essen ein so wichtiger Bestandteil der Ü-Kirche ist, ist die Geschichte von der Speisung der Fünftausend (Lukas 9,10–17) vielleicht
ein guter Ausgangspunkt für ein paar Gedanken über das, was wir versuchen – und ich denke, das ist sehr aufschlussreich. Was für eine Art
von Versammlung sind wir in der Ü-Kirche? Eine ausgewachsene Kirche
mit treuen Jüngern oder etwas anderes? Etwas … Überraschenderes?

Die Speisung der Fünftausend ist vielleicht gar nicht einfach eine
Wundergeschichte. Vielleicht geht es darin eher um die Frage: «Was ist
ein Jünger?» Da sind 5000 Männer, plus Frauen und Kinder (bei denen
man sich nicht mal die Mühe macht, sie zu zählen, aber darüber wollen
wir einmal großmütig hinwegsehen), die zusammengekommen sind,
um Jesus zu hören. Sind sie Jünger?

Die alten Getreuen, diejenigen, die auf der gepunkteten Linie unter-
schrieben haben, die Ja-wir-sind-auf-jeden-Fall-Jünger, wollen nach er-
fülltem Auftrag gemütlich und allein mit Jesus zusammensitzen. Jesus,
der nicht nur gerade die Nachricht vom Tod seines Cousins Johannes
erhalten, sondern sich auch eine Art Pingpong mit den Pharisäern ge-
liefert hat, stiehlt sich mit den zwölf engsten Freunden davon zu einer
Auszeit auf dem Lande. Nichts spricht dagegen, dass sie eine gute Zeit
der Gemeinschaft miteinander haben werden. Eine Zeit der Erholung in
der Nähe Gottes.

Vielleicht genau das, was auch wir in unseren Sonntagskirchen uns
insgeheim wünschen – ein kleiner, gemütlicher Kreis, der Jesus ganz für
sich allein hat. Was empfinden wir wirklich, wenn jemand von außen zu
uns kommt? Denken wir nicht manchmal: «O Schreck, es ist nicht halb
so gemütlich, wenn Fremde dabei sind. Sie bringen alles durcheinander»?

Ja, die Menge findet heraus, wo Jesus sich versteckt, und ist bereit für
eine weitere Jesus-Show. Vielleicht waren diese Leute auch schon da

und warteten am Ufer. Ich kann mir vorstellen, wie den Jüngern die Laune verging, als die Leute am Strand zu winken und zu rufen begannen. Oder die Massen kamen erst später, wie Johannes schreibt. Man sieht es förmlich vor sich, wie sie sich auf die kleine Gruppe stürzen und dabei ihrer Begeisterung darüber, sie endlich gefunden zu haben, lautstark Ausdruck verliehen, wie ein Fänger beim Versteckspiel: «Hab dich!»

Voll Mitleid über diese Menschen, die ihm wie Schafe folgten, ließ Jesus «sie zu sich und sprach zu ihnen vom Reich Gottes und machte gesund, die der Heilung bedurften» (Lukas 9,11). Und dann lud er sie natürlich zum Tee ein! Es gibt keinen Hinweis darauf, dass er irgendetwas von ihnen verlangte. Er hieß sie einfach willkommen und präsentierte ihnen seine Weisheit und Macht und ein improvisiertes Picknick.

Hier erfüllt sich die Prophezeiung aus Jesaja 55,1–2 über die kostenlose Verpflegung: «Die ihr kein Geld habt, kommt her, kauft und esst! … Hört doch auf mich, so werdet ihr Gutes essen und euch am Köstlichen laben.» Hier wird das Manna vom Himmel umsonst verteilt. Jesus fordert etwas von seinen Jüngern – «Gebt ihr ihnen zu essen» (Lukas 9,13) –, aber nicht von der Menge. Wenn wir, in unserer müden, geschäftigen Welt, doch nur etwas von diesem bedingungslosen Weitergeben von dem, was wir sind und haben, widerspiegeln würden. Dann würden die Außenstehenden auch uns umlagern.

Wenn wir die Menge auf jenem Hügel betrachten, dann sehen wir dort Menschen jeden Alters, die etwas von Jesus mitbekommen wollen, sich die Entscheidung aber offen halten. Vielleicht waren sie wie die Leute, die im bereits genannten Buch *Mission-Shaped Church* als «offen ent-kirchlicht» (Seite 37) beschrieben werden: Menschen, die «die Kirche an einem bestimmten Punkt verlassen haben, aber dafür offen sind, zurückzukehren, wenn sie in der richtigen Art angesprochen und eingeladen werden».

Die Leute dort auf dem Berg waren offen. Sie hungerten nach geistlicher Nahrung. Auch wenn sie in der Hoffnung auf eine Wasser-zu-Wein-Show oder die Heilung von Aussätzigen gekommen waren, so kehrten sie doch nicht sofort auf dem Absatz um, als die Wunder zu Ende waren und die Predigt begann. Sie hatten in diesem Moment eine von Gott gewirkte Leere in sich, auch wenn sie schon ihr ganzes Leben geistlichen Mangel litten.

Aber waren sie Jünger? Die meisten waren wohl nur aus Neugier gekommen. Außer dass sie den Weg auf sich genommen hatten, um Jesus zu sehen, und ihnen der Hintern vom langen Sitzen auf dem felsigen

Grund wehtat, hatten sie mit Jesus nichts am Hut. Ich frage mich, ob die Tatsache, dass sie nichts zu essen dabeihatten, darauf hindeutet, dass sie eigentlich gar nicht vorhatten, den ganzen Tag zu bleiben, dass sie dann aber von seiner wunderbaren Lehre so gefesselt wurden. («Lass uns bleiben, Mama. Nur noch eine Geschichte!»)

Die Menge auf dem Hügel war eine Ansammlung von Menschen. Sicher, sie begegneten dort Jesus. Manche wurden geheilt (Matthäus 14,14), andere verschlangen seine Worte (Markus 6,34), und sie brachen miteinander das Brot. Aber mal ehrlich, wir finden kaum etwas darüber, dass diese Menschen sich zu Jesus oder zueinander bekannten. Wir wissen nicht, ob sie bereit waren, seine Lehre zu befolgen, oder in irgendeinem weiteren Sinne zum Glauben kamen.

Die Menge ist eher wie das Feld, auf dem Weizen und Unkraut wachsen (Matthäus 13,24–30), eine Mischung aus Echtem und Falschem, solchen, die Frucht bringen werden, und solchen, für die es nur ein schöner Tagesausflug war. Jesus ist im Moment zufrieden mit diesem Durcheinander. Er fordert erst einmal gar nichts. Er gibt einfach, was er zu geben hat, und zeigt den Menschen auf ziemlich chaotische Weise (fettiger Fisch, krümeliges Brot, das von einer ungewaschenen Hand zur anderen weitergereicht wird; wo bleiben die Sicherheits- und Gesundheitsvorschriften?), wie ihr Leben sich ändern kann, wenn sie in der Hand dieses wunderbaren Gottes sind. Es ist die gute Nachricht von schmutzigen Fingern, vollen Bäuchen und hemmungslosem Gelächter.

Natürlich ist das nur eine Seite des Evangeliums, und Disziplin und Leiden sind die Kehrseite von Spaß und Gemeinschaft. Aber vielleicht brauchen manche Kirchen eine Entschuldigung, um den Spaß an der Nachfolge Jesu neu zu entdecken, diesem großen Partyhelden, der Festmähler, Picknicks und Familientische organisierte. Vielleicht sind wir mit unserer Ü-Kirche mit auf dem Hügel, außerhalb der engen kirchlichen Traditionen, aber dafür bei der überschäumenden Freude am Glauben, dem großzügigen Weitergeben und der familiären Gemeinschaft. Wir organisieren ein Picknick, zu dem jeder, der will, kommen und sich bedienen und auch wieder gehen kann. Wie Gott in der Wüste das Manna schickte, so bietet die Überraschungs-Kirche in einer erstarrten materialistischen Gesellschaft Nahrung, Kreativität und Gemeinschaft an.

Dort, wo wir heute leben, gibt es genug Menschen, die geistlich und körperlich auf der Suche sind. Es gibt Menschen jeden Alters mit geistlichen Bedürfnissen, die spüren, dass es im Leben «doch mehr», dass es noch Größeres geben muss als eine Xbox oder einen Flachbildschirm. Es gibt genug Menschen, die auch körperliche Bedürfnisse haben; die eine sättigende Mahlzeit oder vielleicht auch nur eine Umarmung brauchen, ein Gespräch, bei dem ihnen jemand wirklich zuhört, oder die Möglichkeit, einmal in aller Ruhe die Füße hochlegen und eine Tasse Tee trinken zu können.

Wenn sie bei einer Tasse Tee *beidem* begegnen, Jesus und seinen Leuten, dann bleiben sie vielleicht länger, als sie vorhatten. Noch sind sie keine Jünger. Noch sind sie nicht bereit, ihr Kreuz auf sich zu nehmen oder Zeit und Kraft zu investieren, um in die Ü-Kirche zu kommen und einen Haufen mit Farbe bekleckster Pullover zu waschen. Aber sie stehen am Rand und möchten gern mehr von Jesus hören.

Die Geschichte von der Speisung der Fünftausend erzählt auch davon, von unerwarteter Seite etwas anzunehmen. Im Johannes-Evangelium (6,1–13) ist es ein Junge, der sein Picknick hergibt, und Jesus kann mit dieser kleinen Gabe alle satt machen. Hier lernen wir etwas über die Art, wie wir Kinder behandeln und andere, die normalerweise eher am Rande stehen. Wir, die Organisatoren, die Tüchtigen, die Begabten, müssen lernen, von ihnen etwas zu empfangen. Wir müssen Augen und Herzen und Sinne offen halten, damit wir sehen, was sie uns anzubieten haben, und nicht einfach davon ausgehen, dass wir die großen Wohltäter sind und sie demütig empfangen.

Geben ist ein Teil unserer menschlichen Würde. Geben kann darin bestehen, dass wir wirklich zuhören, wenn ein Fünfjähriger uns seine Erkenntnisse aus einer Geschichte erzählt, oder uns gern von einem der Väter beim Tischabräumen helfen lassen. Vielleicht müssen wir nur «Oh ja, gern» sagen, wenn eine 90-Jährige anbietet, Häkelunterricht zu geben. Vielleicht müssen wir in der Ü-Kirche für jeden die Möglichkeit einbauen, nicht nur zu empfangen, sondern auch zu geben. Das ist etwas anderes, als Forderungen zu stellen. Es geht darum, zuvorkommend zu sein und auch von den unmöglichsten Leuten anzunehmen, was sie zu bieten haben – einen Kuchen, eine Geldspende, die Bereitschaft, an einem Kreativtisch zu helfen, eine Idee fürs nächste Mal. Der Mensch braucht das Gefühl, gebraucht zu werden.

Die zwölf Körbe voller Reste sind laut Johannes noch nicht das Ende dieser Geschichte über Jüngerschaft. Nach der Szene mit dem Picknick geht der Bericht noch weiter. Zuerst ist da das Missverständnis darüber, was für ein König Jesus ist. (Es ist äußerst beruhigend, wie manche Leute die Sache falsch verstehen, obwohl Jesus sie höchstpersönlich lehrt! Wir können also auch bei uns keine hundertprozentige Erfolgsquote erwarten.)

Am nächsten Tag gehen einige los, um Jesus wieder zu suchen, und finden ihn in Kapernaum auf der anderen Seeseite. Das Ganze glich immer mehr einem Versteckspiel. Interessanterweise ist Jesus jetzt in der Synagoge (Johannes 6,59), nicht draußen auf einem Berg. Die Leute scheinen ziemlich sauer, dass er ohne sie losgegangen ist – «Meister, wann bist du denn hierher gekommen?» (Johannes 6,25). Aber Jesus, der weiß, was die Menschen denken, weiß auch, was sie wirklich wollen. Er stellt ihre Motivation infrage: «Ich weiß, weshalb ihr zu mir kommt: doch nur, weil ihr von mir Brot bekommen habt und satt geworden seid; nicht weil ihr verstanden hättet, was dieses Wunder bedeutet!» (Vers 26).

Jetzt ist es an der Zeit, auch die schwere Seite der Nachfolge aufs Tapet zu bringen – als *sie* anfangen, Fragen zu stellen. «Was sollen wir tun, um Gottes Willen zu erfüllen?», wollen sie wissen. Jesus erwidert: «Nur eins erwartet Gott von euch: Ihr sollt an den glauben, den er gesandt hat» (Vers 28–29). Er erklärt ihnen, was Hingabe bedeutet. Er schubst die Suchenden noch weiter und spricht nun nicht mehr von Picknickbrötchen, sondern von dem Brot des Lebens. Er führt sie über das Unmittelbare, Physische hinaus. Er spricht von seinem Fleisch als dem wahren Brot ...

Aber hoppla, das wird jetzt manchem zu kompliziert. Die Zahl der Nachfolger wird weiter ausgedünnt. Viele von ihnen sagten: «Das ist eine Zumutung! Wer will sich so etwas anhören?» (Vers 60), und Johannes schreibt lakonisch: «Nach dieser Rede wandten sich viele, die ihm gefolgt waren, von Jesus ab und gingen nicht mehr mit ihm» (Vers 66). Jesus ist wieder allein mit den Zwölfen.

Aber wir wollen uns noch einmal das Umfeld dieser Suchenden ansehen. Sie sind in einer Synagoge. Die tieferen, persönlichen Fragen werden in einer kleinen Gruppe im Rahmen des etablierten Glaubens gestellt. Vielleicht sieht so das Verhältnis der Ü-Kirche zur traditionellen Gemeinde aus. Wenn die Leute durch das großzügige Geben und den Spaß am schulfreien Nachmittag Appetit bekommen haben, werden manche (ein paar wenige) vielleicht mehr wissen wollen und einen Rahmen suchen, in dem sie Fragen stellen können – in einem Alpha-Kurs, einem Emmaus-Kurs, in Hauskreisen oder Kleingruppen der «normalen» Kirche. Die traditionelle Kirche muss bereit sein, solche Fragenden und Suchenden aufzunehmen und ihnen einen Raum zu bieten, in dem sie Antwort auf ihre Fragen finden.

Das kann bedeuten, dass wir in unserer traditionellen Gemeinde umdenken müssen. Ist sie ein Ort, an den man kommen und wo man Fragen stellen kann? Oder muss man eher stillsitzen und aufnehmen, was die Person, die vorne steht, einem auftischt? Wenn es, wie die meisten Fachleute heute sagen, mehrere Jahre dauert, bis ein Mensch sein Leben Jesus wirklich ganz übergibt, dann muss es in unseren Gemeinden Raum geben, wo andere einfach schon etwas von Gottes Reich erleben können. Aber wir müssen sie auffordern, dort nicht stehen zu bleiben, sondern sich diesem Jesus anzuvertrauen, der sie satt gemacht hat. Sonst bleiben sie einfach Menschen in der Menge, wie damals viele in Galiläa.

Wie faszinierend! Jesus hätte an jenem Tag auf dem Berg Tausende zu seiner Gefolgschaft hinzufügen können. Er hätte zum König gekrönt werden können. Stattdessen flieht er vor den Leuten, die ihn zu etwas machen wollen, was er nicht ist. Er enthält denen, die danach fragen, die harte Wahrheit nicht vor, und bleibt schließlich allein mit den zwölf Jüngern zurück. Was die Vergrößerung seiner Anhängerschaft betrifft, muss Jesus wieder bei Null anfangen! Aber schaut, was er getan hat: Er hat Gottes Liebe gezeigt und den Glauben, das Verständnis und die Hingabe seiner wahren Nachfolger gestärkt. Petrus gibt ein klares Bekenntnis seines Glaubens ab, als er sagt: «Wir glauben und haben erkannt, dass du von Gott kommst und zu Gott gehörst» (Vers 69).

Vielleicht liegt Jesus gar nichts an großen Zahlen und kurzfristigen Effekten. Vielleicht liegt ihm mehr an der Qualität seiner Nachfolger und den langfristigen Auswirkungen seines Dienstes. Vielleicht ist eine der Nebenwirkungen der Ü-Kirche auch die Stärkung des Glaubens des «Heimteams».

Ich würde sagen, die Fragestunde in der Synagoge ist bereits einen Schritt weiter als wir mit den Leuten, die zur Ü-Kirche kommen. Sie sind noch nicht die engagierten Gläubigen der ersten Gemeinde aus Apostelgeschichte 2, die miteinander das Brot brachen. Die Ü-Kirche ist eine Zusammenkunft von Menschen, die kommen und sich etwas von Gott und der Gemeinde holen können. Sie können erwarten, geistliche und körperliche Nahrung zu empfangen. Sie bekommen Gelegenheit, etwas beizutragen. Sie alle können Jesus begegnen. Wir rechnen damit, dass viele einfach sagen: «Danke, es war toll», und dann wieder gehen. Manche werden die Sache falsch verstehen, und andere wollen vielleicht mehr wissen. Das ist alles völlig okay. Wir vertrauen darauf, dass Gott die Menschen rufen wird, von denen er will, dass sie weitergehen. Wir stellen einfach die Fischstäbchen auf den Tisch.

# Kapitel 5
# Wie erreicht man
# die fließenden Ränder?

Wie sind wir überhaupt auf die Ü-Kirche gekommen? Warum denken wir, das wäre für uns der richtige Ansatz?

Vielleicht hilft es, sich einmal die Entwicklung anzusehen, die wir gemacht haben, bis wir herausgefunden haben, was bei uns funktioniert. Wir hatten ein Treffen, das für alle in der Gemeinde offen war, denen die Kinder am Herzen liegen, und haben über die Bedürfnisse der örtlichen Gemeinde, unsere Möglichkeiten und Grenzen geredet. Wir haben überlegt, ob wir nur etwas für Kinder machen wollen oder ob es strategisch günstiger und ein besseres Zeugnis von Gottes Absichten wäre, Erwachsene mit einzubeziehen. Wir sind nicht gut genug organisiert, um Fragebögen und Umfragen zu starten, aber wir können gut reden. Wir sprachen mit Leuten am Schuleingang. Wir führten mit ihnen den Hund aus und hörten ihnen zu. Wir sprachen mit Leuten in der Kirche und außerhalb der Kirche darüber und bekamen so ein Gefühl dafür, was Gott uns vielleicht sagen wollte.

Wir hatten die Gebäude, die Küche, die Künstler, wir hatten einen wunderbaren Kirchgemeinderat, der gern «Ja» sagt. Der Rest ist überraschende Geschichte ... und Gegenwart ... und, mit Gottes Hilfe, Zukunft.

Wir dachten an das fehlende «Gemeinschaftsgefühl» und die eingeschränkten Möglichkeiten, Freunde zu gewinnen, die vielen Familien mit Kindern, die Schwierigkeit, sonntags in die Kirche zu gehen, wie froh viele Eltern und Betreuungspersonen sind, wenn die Kinder etwas Neues lernen, den Bedarf an Aktivitäten, die wenig oder nichts kosten, die Schwierigkeiten in den Familien, gemeinsame Mahlzeiten zu organisieren, die zweifelhaften Vorzüge von Fernsehen und Computer, die Familienmitglieder in ihren Zimmern festhalten zu Aktivitäten, bei denen sie nicht reden müssen, und dass wir doch alle wissen, wir sollten mehr mit unseren Kindern unternehmen, obwohl das Mühe und Anstrengung kostet, vor allem am Nachmittag nach der Schule.

Wir dachten daran, wie es wäre, wenn Erwachsene und Kinder gemeinsam in den Gottesdienst kämen, miteinander über die biblischen Geschichten reden und zu ihrem Glauben stehen könnten, sich mit anderen Leuten aus der Gemeinde anfreunden und das Gefühl bekommen könnten, selbst dazuzugehören.

Wir prüften gründlich, welche Mittel uns in unserer Kirche zur Verfügung standen, und kamen zum Schluss, dass wir die folgenden Vorzüge haben:

- **Eine erstaunlich große Anzahl an künstlerisch begabten Menschen.** Sonia leitet einen erfolgreichen Kunstkurs, der erst einmal und jetzt zweimal wöchentlich stattfindet und eine lange Warteliste hat. Außerdem ist sie Leiterin bei den Pfadfindermädchen und hat schon viel mit den Kindern und Jugendlichen in der Kirche unternommen. Ihr Mann Jim kann gut mit Holz umgehen. Bob malt auch. Louise ist Schneiderin; Vicki kann mit Blumen alles machen. Richard hat ein ganzes Heer von Warhammer-Figuren. Lesley, als Tagesmutter, weiß ganz genau, welche künstlerischen Aktivitäten für die kindliche Entwicklung gut sind. Denise besitzt die seltene Fähigkeit zu sagen: «Oh, ich mache alles», und es auch so zu meinen. Catherine und Graham sind bei den Pfadfindern und haben durch ihre drei eigenen Jungen jede Menge an Ideen für Naturwissenschaftliches oder Bauaktivitäten. Und so geht es weiter. (Nebenbei bemerkt, allein bei diesen Leuten reicht die Altersspanne von 14 bis 70+).
- **Viele gutherzige, Jesus liebende Menschen.** In unserer Kirche geht es *nicht* um die Einrichtung. Wir sagen nicht: «Aber die Kinder machen die Fußböden dreckig.» Stattdessen haben wir Leute im Pensionsalter und jüngere, die gern kommen und kochen, spülen oder ab und zu einen Kreativtisch leiten und denen es egal ist, ob die Stühle und Tische schneller abgenutzt werden, als wenn wir sie nie benutzen würden. Der Ältestenrat unterstützt uns gern finanziell.
- **Leute, die Zeit haben.** Leute, die sich zu Hause den Kindern widmen oder Schicht arbeiten oder pensioniert sind, können nach der Schule da sein. Wenn wir hauptsächlich arbeitende Pendler hätten, die nicht vor sieben Uhr nach Hause kommen, müssten wir eine andere Zeit finden.
- **Ein modernes Gebäude mit einem oberen und unteren Saal, einer großen Küche und einem warmen, gemütlichen Kirchengebäude,** und das alles unter einem Dach. (Tut mir leid, wenn das so klingt, als wollte ich angeben – aber nach der früheren mittelalterlichen Kirche ohne Toilette ist dieses neue Gebäude wirklich der Hit.)

- **Einen Bastelladen in der Nähe,** in dem es all die Pappe, Papiere, seltsam geformten Plastikteile und andere Herrlichkeiten gibt, die man sich nur denken kann.

Die Überraschungs-Kirche ist ein Format mit einem Schwerpunkt, der für unser Gebiet und unsere Situation passt. Wenn wir eine andere Kirche hätten, hätten wir vielleicht eine Sport-und-Spiele-Kirche erfunden oder eine Foto-Kirche, eine Koch-Kirche oder eine singende Kirche. Im Moment sind wir vor allem im künstlerischen Bereich gut bestückt. Aber jede Kirche ist anders, und jeder Ort hat andere Bedürfnisse. Hier darum ein paar Fragen, die Ihnen helfen können, herauszufinden, was in Ihrer Situation das Richtige sein könnte.

- Für welche Gruppe möchten Sie Kirche gern attraktiv machen? Vorschulkinder / nur Kinder / ganze Familien / Kinder und Hausaufgabenbetreuer / Alleinerziehende mit Anhang / Teenies / Jugendliche / nur Erwachsene / Ruheständler / eine spezielle Interessengruppe / andere?
- Wie viele Menschen in Ihrer Nachbarschaft gehören zu dieser Gruppe?
- Wie viele dieser Menschen sind den Mitgliedern Ihrer bestehenden Kirche persönlich bekannt? (Die Leute kommen viel eher, wenn sie persönlich eingeladen werden, als einfach so.)
- Was wird am Ort schon angeboten?
- Was sind in Ihrem Ort die fünf größten Bedürfnisse?
- Welche Begabungen und Hobbys haben die Mitglieder Ihrer Gemeinde?
- Welche Berufe haben sie?
- Zu welcher Tageszeit würden sie zur Verfügung stehen?
- Wie stark werden Sie von Ihrer Gemeindeleitung unterstützt?
- Wofür könnten Sie Ihre Gebäude nutzen?
- Wie viele Leute haben bequem Platz?
- Welche Einrichtungen gibt es in Ihrem Kirchengebäude / Gemeindehaus?
- Träumen Sie einen Moment: Was würden Sie gern sehen?

Denken Sie nicht in Schubladen. Ü-Kirche funktioniert genauso gut am frühen Samstag- oder Sonntagmorgen, als Frühstücksclub für die ganze Familie. Sie kann auch nur ein paarmal im Jahr stattfinden, vielleicht rund um die wichtigen christlichen Feiertage. Das Prinzip, gemeinsam etwas zu unternehmen, anstatt die Kinder außen vor zu lassen (oder nur mit den Kindern die lustigen Dinge zu unternehmen und den Erwachsenen die langweiligen Großen-Sachen zu überlassen), kann vielleicht am Erntedankfest, beim Weihnachtsessen oder dem Dorffest umgesetzt werden.

Aber vielleicht ist ja die Kreativ-Kirche genau das, was Sie suchen? Nun, dann nutzen Sie die Ideen in diesem Buch als Ausgangspunkt und Hilfe, damit Sie unsere vielen Fehler nicht wiederholen müssen, aber halten Sie sich nicht sklavisch daran. Passen Sie sie an, lassen Sie was weg, erfinden Sie Eigenes, kaufen Sie Bastelbücher, nutzen Sie das Internet, seien Sie kreativ. Wir ändern dauernd unsere Richtung, probieren neue Ideen aus, versagen jämmerlich, lernen ständig. Nach den Bastelvorschlägen zu jedem Thema nennen wir ein paar Websites, die weitere gute Ideen liefern.

Aber vielleicht lässt der Gedanke an Leim und Glitter Sie ja kalt. Dann lesen Sie trotzdem weiter. Wenn es vor allem darum geht, ein gemeinsames Interesse als Brücke zwischen jemandem am Rande und Jesus in der Mitte zu nutzen, dann gibt es unzählige Möglichkeiten, wie man kreativ sein kann, ohne dass man dazu auch nur in die Nähe einer Tube Klebstoff geraten muss.

## Ü-Kirche oder ...?

Hier ein paar für alle Altersstufen geeignete Vorschläge für eine Überraschungs-Kirche, die nichts mit Basteln und Werken zu tun hat. Die Liste ist längst nicht vollständig, kann aber sicher Anregungen liefern. Manche Ideen eignen sich vielleicht nur für den einmaligen Gebrauch; andere können zur dauerhaften Einrichtung und mit den Jahren noch ausgebaut werden.

Wenn mir nur eine theologische Rechtfertigung für eine Schokoladen-Kirche einfallen würde ...

### Die Grüne Kirche

In der Grünen Kirche könnte man sich mit praktischer Gartenarbeit befassen, Umweltthemen, Einsatz für den Regenwald, dem Besuch von Gärten, oder man kann einer kranken Person helfen, den Garten aufzuräumen.

Die Grüne Kirche könnte jeden Monat einmal reihum im Garten oder auf dem Grundstück einzelner Teilnehmer stattfinden. Sie können

draußen Picknick und Anbetungszeit abhalten oder grillen. In der Andacht könnten Sie auf verschiedene Dinge Bezug nehmen, die Sie im
Garten finden: das Wunder einer Blume, die unterschiedlichen Käfer
und Insekten, die Art, wie aus einem kleinen Samen ein Baum wächst,
die Kunst des Jätens und Schneidens. Aktivitäten im Haus können vom
Blumenarrangieren, Ein- und Umtopfen, Kurzfilm-Angebot über interessante Gärten, Collagen mit Materialien aus der Natur oder Blumen-
pressen bis hin zum Einmachen von Früchten, Marmeladekochen, Kochen mit selbstgezogenem Gemüse oder dem Trocknen von Kräutern
reichen.

Als biblische Texte eignen sich der Schöpfungsbericht und Gottes
Sorge für die Erde (1. Mose 1,1–2,4), die Geschichte von Ruth (im
biblischen Buch Ruth); Jonas Rizinusstaude (im Buch Jona) oder
Nabots Weinberg (1. Könige 21). In den Evangelien gibt es das
Gleichnis vom Sämann (Matthäus 13,3–9), vom Senfkorn (Matthäus
13,31–32) oder die Weinberg-Gleichnisse (Lukas 13,6–9; 20,9–16),
Jesu Lehre über die Lilien auf dem Feld (Matthäus 6,28–30), Weizen
und Unkraut (Matthäus 13,24–30) oder den Samen, der auf den
Boden fällt (Johannes 12,24). Sie können biblische Bilder wie das
vom Baum des Lebens gebrauchen (Offenbarung 22,1–2), vom Kreuz
usw. Im Jahresablauf bieten sich das Erntedankfest und Himmelfahrt
wunderbar an.

### Die Sport-Kirche

Sie ist vor allem im Hinblick auf die Olympiade 2012 aktuell. Die
Regierung wird vermutlich Gelder für lokale Sportinitiativen zur Verfügung stellen. Ideen finden Sie bei «Christians in Sport» www.christi-
ansinsport.org.uk (oder bei «Athletes in Action» www.athletesinacti-
on.at; www.athletes.ch; www.aia-deutschland.de).

Als Aktivitäten wären Trainingsstunden denkbar, Spiele, Sponsoren-
veranstaltungen, um Geld für andere zu sammeln, usw. Für drinnen
bieten sich Tischtennis an, Billard, Pfeilwerfen, Kegeln, Tanzen, Aero-
bic, Line Dancing, Volkstanz usw. Sie können Ausflüge ins örtliche
Schwimmbad, zu Sportveranstaltungen, Fußballspielen oder auf die
Eisbahn einplanen. Sie können auch Filme über bekannte Sportler aus-
leihen oder einen Tanzlehrer einladen, der Ihnen hilft, Salsa oder Jive zu
üben.

In der Andacht können Sie darüber nachdenken, was es heißt, aktiv
zu sein oder still. Als biblische Texte eignen sich Elias Dauerlauf vor

dem Wagen von Ahab (1. Könige 18,41–46), der Wettlauf für Gott
(1. Korinther 9,24–27; 2. Timotheus 4,7), das Bild der Kirche als Leib
(1. Korinther 12,12–26), das Bild des Sportlers, der immer weiter läuft
(Hebräer 12,1), des Bogenschützen, der sein Ziel verfehlt, wie wir oft
«des Ruhmes ermangeln, den wir bei Gott haben sollten» (vgl. Römer
3,23; Lutherbibel), oder Spielregeln wie zum Beispiel die Zehn Gebote
(2. Mose 20,1–17).

### Die Theater-Kirche

Als Aktivitäten wären die Einübung eines Theaterstücks denkbar, Tanz-
Workshops, verschiedene Tanzstile, Fahnentanz, Volkstanz, das Einüben
von Elementen für den Gottesdienst, Vorführungen in Altenheimen,
Schulen, Krankenhäusern oder Ähnlichem. Sie können lernen, wie
man eine Bühne gestaltet, was hinter der Bühne nötig ist, Kostümde-
sign, Make-up usw. Sie können Vorführungen besuchen, Videos zeigen
oder Diskussionen zu Themen aus Theaterstücken oder Filmen organisieren.

In der Andacht können Sie Tanz- und Theaterelemente einbauen,
experimentieren, Licht und Ton einsetzen usw. Als biblische Texte
eignen sich Mirjams Tanz (2. Mose 15,20), der tanzende David
(2. Samuel 6), die Propheten, die ihre Weissagungen praktisch untermalen (Jeremia 13,1–11; Jeremia 19; Hesekiel 12,1–16), das Abendmahl (Lukas 22,14–20), die Psalmen oder irgendeine dramatische
Geschichte.

### Die Musik-Kirche

Als Aktivitäten eignen sich Singen, das Vorstellen neuer Lieder aus der
Schule oder anderen Gemeinden, Improvisieren, das Üben bestimmter
Instrumente, Percussion, Improvisationen zu PowerPoint-Shows, Kom-
ponieren anhand von Geschichten oder Bildern, ein Musical verfassen
und dann in der Gemeinde aufführen usw.

Als biblische Texte eignen sich die Psalmen, die Geschichte von Mirjams Tamburin (2. Mose 15,20), Davids Harfe (1. Samuel 16,14–23), die
letzte Posaune (1. Korinther 15,52), die himmlischen Chöre bei Jesu Geburt (Lukas 2,13–14) usw. In der Andacht können Sie Musik und Stille
thematisieren.

### Die Foto-Kirche

Als Aktivitäten eignen sich das Aufnehmen und Entwickeln von Fotos, die Digitaltechnik und die Bearbeitung von Fotos und Videos am Computer, das Erkunden der Natur durch Foto und Film, Gedanken über Gott in der Welt oder im Menschen usw.

Als biblische Texte eignen sich die Natur, wie sie zum Beispiel in den Psalmen oder der Bergpredigt behandelt wird (Matthäus 5–7), oder biblische Themen wie Berge, Meere, Wein aus dem Blickwinkel eines Fotografen. Die Andacht kann sehr visuell gestaltet werden mit Computerprojektion, Kurzfilmen oder Videoclips.

### Die Koch-Kirche

Als Aktivitäten eignen sich ganz klar Kochen und Essen, aber Sie können auch Nahrungsmittel aus verschiedenen Ländern und Kulturen ausprobieren, verschiedene Nahrungsgruppen, thematische Nahrungsmittel oder verschiedene Arten der Zubereitung.

Als biblische Texte eignen sich Geschichten ums Essen, wie die von Elia und den Raben oder der Witwe mit dem Ölkrug (1. Könige 17,1–16), die Speisung der Fünftausend (Lukas 9,10–17), die Geschichte mit dem Manna vom Himmel (2. Mose 16), das Gleichnis von der königlichen Hochzeit (Matthäus 22,1–14) und Essensthemen wie das Festmahl im Psalm 23. Weitere Ideen für biblische Themen im Zusammenhang mit Essen finden Sie in Publikationen wie der «Church Times» in der Kochkolumne. In der Andacht kann man dann gemeinsam essen (schwierig, ich weiß, aber es muss ja gemacht werden ☺).

### Die Technik-Kirche

Als Aktivitäten eignen sich kleinere Autoreparaturen, Autowaschen (als Hilfsangebot), Fahrradreparaturen, Dampfmaschinen, Modelleisenbahnen, Modellflugzeuge, Autorennbahnen, Gokart-Rennen, Motocross usw.

Als biblische Texte eignen sich Themen über das Zusammenarbeiten (1. Korinther 12) und die Geschichte von Gott als dem Schöpfer und wie wichtig er auch kleine Dinge nimmt (1. Mose 1,1–2,4; Sprüche 8,22–36). Die Andacht kann sehr praktisch, visuell und zupackend gestaltet werden.

Als Aktivitäten eignen sich das Säubern von mit Graffiti beschmierten Wänden, das Aufräumen und Reinigen von Spielplätzen, Teichen und Gärten, das Sammeln für einen guten Zweck, Infokampagnen für ein bestimmtes Thema, Organisation von Ausflügen zu Veranstaltungen, die sich speziellen Problemen widmen. Zusammenarbeit mit den örtlichen Sozialarbeitern im Blick auf bestimmte Probleme in der Gemeinde usw.

Als biblische Texte eignen sich das Gleichnis von den Schafen und den Böcken (Matthäus 25,31–46), Jesus, wie er sich den Außenseitern zuwendet (Johannes 4,1–42; Lukas 19,1–10; Markus 1,40–42), und Geschichten, die Sorge für die Umwelt und Liebe zur Umwelt zeigen (Offenbarung 8,6–9,21 oder Psalm 8). In der Andacht kann es darum gehen, Gott in die Arbeit, die wir tun, mit einzubeziehen, indem man vorher und nachher betet und um seine Leitung bittet, damit man offene Augen dafür hat, was er einem bei der Arbeit sagen möchte. Den Schwerpunkt kann man dabei auf die Liebe und Anteilnahme für die Menschen in der Nachbarschaft legen, indem man direkt für Personen und Orte betet und vor und nach dem Einsatz einen Gebetsspaziergang macht.

# Kapitel 6
# Sicherheit und Hilfsmittel

## Sicherheit

Es ist [in England] wichtig, dass jeder, der in der Ü-Kirche mitarbeitet, ein polizeiliches Führungszeugnis bzw. einen Auszug aus dem Strafregister vorlegt. Auskünfte darüber, wie Sie dazu kommen, erhalten Sie im Internet oder auch auf Ihrem Gemeindebüro. Daneben bemühen wir uns, die Bestimmungen für den Kinderschutz zu beachten, indem wir unsere Räumlichkeiten einer Risikoanalyse unterziehen und darauf achten, dass grundlegende Sicherheitsregeln eingehalten werden. Zum Beispiel:

- Kinder haben keinen Zutritt zur Küche.
- Das Kochteam hat einen Kursus für Nahrungsmittelhygiene besucht.
- Vor dem Kochen werden die Hände gewaschen.

Während wir uns bemühen, das Gebäude so sicher und kinderfreundlich wie möglich zu gestalten, machen wir doch klar, dass die Verantwortung für die Kinder bei ihren Eltern bzw. den Betreuungspersonen liegt. Das ist der große Vorteil, wenn man eine Veranstaltung für alle Altersstufen durchführt und nicht nur für die Kleinen: Wir sind viel entspannter, weil wir nicht ständig ein Auge auf die Kinder haben müssen.

Wenn Sie eine Veranstaltung nur für Kinder planen, finden Sie nützliche Sicherheitsrichtlinien auf der Barnabas-Website, www.barnabasin-churches.org.uk. Schauen Sie in der Rubrik «Ideas» unter «A special event or holiday club for children» oder bei «Organizing a children's event»; und in der Rubrik «Articles» unter «Evangelistic children's work: starting an evangelistic children's club».

Und schließlich achten Sie darauf, dass das Bastelmaterial nicht gefährlich ist und auch von unter Fünfjährigen benutzt werden kann. Und dass Sie genau wissen, was in dem Essen ist, das Sie vorbereiten, damit Personen mit einer Nahrungsmittelallergie sich informieren können.

# Material und Hilfsmittel

Wir haben in Portsmouth zum Glück einen Bastelmarkt, in dem wir Karton, Flaschen, Stoffe, Schachteln und alle möglichen anderen Dinge zum Preis einer jährlichen Mitgliedskarte bekommen. Wenn Sie keinen geeigneten Bastelladen in Ihrer Nähe haben, dann empfiehlt es sich unter Umständen, in der Kirche oder Schule eine Schachtel aufzustellen und rechtzeitig vor der nächsten Veranstaltung um Spenden von Joghurtbechern, Wolle, Bändern, Plastikflaschen und anderen Dingen zu bitten, die Sie brauchen können. Es lohnt sich auch, die Kataloge von Bastelversandläden oder Vertreibern von Schulmaterialien durchzublättern, die eventuell billiger sind.

Kaufen Sie Anfang des Jahres einen großen Kanister Bastelleim, Spachtel, Pinsel, Farben, wasserlösliche Filzstifte, Einmalschürzen, abwaschbare Tischdecken oder Schutzfolie, leere Klebeetiketten als Namensschilder für die Teilnehmer, Deko-Sticker, Klebeband, Scheren, die wirklich schneiden (und nicht die schrecklichen Kinderscheren, die einen nur frustrieren), Päckchen mit Wackelaugen usw.

Weitere nützliche Hilfsmittel sind eine Babybadewanne, Haushaltspapier und Desinfektionsspray.

# Kapitel 7
# Rezepte

Die Zubereitung der Mahlzeiten muss weder kompliziert noch zeitaufwendig sein, aber wenn Sie ein bisschen ehrgeizig sind, dann wollen Sie vielleicht doch in ein Kochbuch wie zum Beispiel *Essen ist fertig!* von Jamie Oliver investieren, um noch mehr Ideen zu gewinnen.

Die Menge der Zutaten für jedes Rezept ist schwer abzuschätzen, da kleine Kinder oft nur wenig essen, während Teenager jede Menge in sich hineinschaufeln (oder umgekehrt). Jedes der folgenden Rezepte reicht für rund zehn Portionen.

## Nahrungsmittelallergien

Die Tatsache, dass heutzutage viele Menschen an einer Nahrungsmittelallergie leiden, mag Sie abschrecken. Das muss nicht sein! Nur Mut! Sie sind ein vernünftiger und verantwortungsbewusster erwachsener Mensch, dem es im Traum nicht einfallen würde, einem Kind oder Erwachsenen wissentlich zu schaden, deshalb muss dieses unbequeme Thema Sie nicht irritieren. Vergessen Sie nicht, alle Kinder werden von einem Erwachsenen begleitet, und es ist seine Aufgabe, nicht Ihre, darauf zu achten, dass das Kind nichts Falsches isst. Wenn Sie erst einmal damit anfangen, jede eventuell vorhandene Allergie zu behandeln, sitzen Sie schließlich verdrießlich da und knabbern an Bio-Reiskuchen mit Tofugeschmack.

Bedenken Sie auch den Unterschied zwischen einer echten Allergie («Simon hyperventiliert schon, wenn er nur eine Erdnuss sieht») und schlichten Vorlieben («Simon isst keine Nudeln, wenn er keinen Ketchup kriegt»). Wenn Sie solchen Macken nachgeben, machen Sie sich selbst zum nervlichen Wrack. Tut mir leid, aber Sie können wirklich nichts dafür, wenn der Kuchen, den Herr Blenkinsop freundlicherweise für Sie gebacken hat, Spuren von Milch enthält. Das klingt hart, ist aber nur realistisch. Wenn jemand nicht weiß, ob er etwas verträgt oder nicht, ist es seine Entscheidung, ob er davon isst oder nicht, nicht Ihre.

Wir lösen das Problem bei uns, indem wir wirklich nichts zubereiten, was Nüsse enthält, und indem wir außerdem immer etwas Vegetarisches anbieten, das zum Rest der Mahlzeit passt (zum Beispiel Tofugehacktes im Hirtenauflauf, oder wenn wir Spaghetti Bolognese kochen, gibt es in einem Topf Tomatensoße ohne Fleisch), aber das ist das einzige Zugeständnis, das wir machen. Andere Forderungen sind auch noch nie gestellt worden. Die meisten Leute sind so froh, einmal nicht kochen zu müssen, dass sie ihre Kinder ermuntern, alles zu essen, was ihnen vorgesetzt wird.

## Hauptgerichte

### Hirtenauflauf (Shepherd's Pie)

Die Bürgermeisterin war bei ihrem Besuch begeistert von diesem Gericht. Wenn Sie Lammfleisch nehmen, wird daraus ein Hüttenauflauf, mit Tofu-Gehacktem ein Gärtnerauflauf.

- Öl zum Anbraten
- 1 kg Hackfleisch (gemischt, Lamm oder Tofu)
- 2 Zwiebeln (in der Küchenmaschine ganz feingehackt, so dass keiner sie entdeckt und jammert, weil er keine Zwiebeln mag)
- 1 EL gepresster Knoblauch
- 4 Möhren, klein gehackt
- 1 l Brühe
- 2 EL getrocknete Kräutermischung
- 4 EL Maggi oder Worcestersoße
- 1,5 kg Kartoffeln, geschält und in gleichmäßige Stücke geschnitten (plus etwas Butter für den feineren Geschmack)
- 100 ml Milch

Wenig Öl in einem großen Topf erhitzen und das Hackfleisch mit den Zwiebeln und dem Knoblauch scharf anbraten. Alle Zutaten außer Kartoffeln und Milch zufügen und alles bei geringer Hitze rund 45 Minuten köcheln lassen. In der Zwischenzeit die Kartoffeln in reichlich Wasser kochen, bis sie weich sind, abgießen und zerstampfen. Die Milch in der Mikrowelle erhitzen und dann mit der Butter zu den Kartoffeln geben und gut durchschlagen.

Nun das Hackfleisch in eine flache Form geben und das Kartoffelpüree darüberstreichen. Im Backofen (200 Grad/Umluft 180 Grad/Gas Stufe 3) oder im Grill backen, bis die Oberfläche goldbraun und knusprig ist.

## Schnelle Pasta plus

Mit Dank an Jackie, die von dem Zeug schon mehr gekocht hat, als sie sich erinnern kann (und will).

- 1 kg Hackfleisch (gemischt, Lamm oder Tofu)
- Öl zum Anbraten
- 2 Gläser Soße Bolognese aus dem Supermarkt
- 1 kg Nudeln
- 1 Beutel TK-Erbsen als Beilage (TK = Tiefkühl)
- Parmesan (gerieben)

Das Hackfleisch mit wenig Öl anbraten, bis es braun ist, dabei mit einem Löffel auflockern. Die Soße dazugießen und alles eine halbe Stunde oder nach Packungsanweisung kochen. Das Wasser so aufsetzen, dass Sie die Nudeln 20 Minuten vor Beginn der Mahlzeit ins kochende Wasser geben können und die Erbsen 10 Minuten vor Essensbeginn. Den geriebenen Käse stellen Sie in Schüsselchen auf die Tische.

## Kartoffeln in der Schale

Dieses Rezept bringt Lesley zur Verzweiflung, wenn der Ofen wieder einmal nur die beiden vordersten Kartoffeln durchbackt anstatt alle fünfzig!

Billige, zeitaufwendige Version: 10 große, ungewaschene Kartoffeln, die geputzt und eingestochen werden müssen.

Leichte, teurere Version: 10 große, gründlich gewaschene Kartoffeln, die nur noch eingestochen werden müssen.
   Dazu:

- 2 Dosen Thunfisch
- 4 Dosen dicke Bohnen
- 1 großer Block Parmesan (gerieben)
- Salat aus einer halben Gurke, 1 Kopf Eisbergsalat, 2 Tomaten

Die Kartoffeln auf ein Blech mit Backpapier legen und in den vorgeheizten Backofen schieben (200 Grad/Umluft 180 Grad/Gas Stufe 3). Je nach Backofen und Menge (und vor allem Größe) der Kartoffeln sollten Sie am besten zwei Stunden für das Garen einkalkulieren. Schieben Sie nach einer Stunde die Kartoffeln vom oberen Blech nach unten und das untere Blech nach oben.

(Schneller geht es, wenn Sie die Kartoffeln zu Hause vorkochen und dann nur noch für 15 Minuten in den vorgeheizten Ofen schieben.)

### Brathähnchen

Dies ist wahrscheinlich die teuerste unserer Mahlzeiten, aber manchmal sind sie im örtlichen Supermarkt so nett und geben uns Mengenrabatt, da es für einen guten Zweck ist.

- 2 ganze Brathähnchen
- 1,5 kg Kartoffeln (am besten neue)
- 1,5 kg Möhren
- Soßenpulver

Die Hähnchen zu Hause bei mittlerer Hitze (180 Grad/Umluft 160 Grad/ Gas Stufe 2) braten und fertig gegrillt mitbringen. (Oder schon fertig gegrillte Hähnchen kaufen.) Neue Kartoffeln sind als Beilage am einfachsten, zusammen mit Möhren. Die Soße nach Packungsanweisung zubereiten. Tofu-Würstchen sind eine gute Alternative für Vegetarier.

### Schinken und Kartoffelschnitze

Dies ist ein einfaches Gericht, wenn Ihr Herd heiß genug wird. Auch Backöfen können Gefühle haben! Unserer bringt ein zusätzliches – wenn auch unerwünschtes – Spannungsmoment in den Kochprozess!

- 10 große Kartoffeln, sauber gebürstet
- Olivenöl
- 20 dünne Scheiben gekochter Schinken
- Salat aus einer halben Gurke, 1 Kopf Eisbergsalat, 2 Tomaten

Die ungeschälten Kartoffeln in Schnitze schneiden – etwa 6 pro Knolle – und 10 Minuten vorkochen. Abgießen und in ein paar Esslöffeln Olivenöl schwenken, bis sie rundum bedeckt sind. Auf Backbleche legen und im heißen Backofen (210 Grad/Umluft 190 Grad/Gas Stufe 4) in der oberen Hälfte etwa 40 Minuten backen bzw. bis sie braun sind. Mit 2 Scheiben Schinken pro Person servieren. Den Salat in Schüsseln auf den Tisch stellen. Als Alternative für Vegetarier anstelle von Schinken Käse servieren.

### Baguette-Pizza mit Knoblauchbrot

Dieses Rezept ist gut geeignet, wenn nur ein Grill zur Verfügung steht. Sie können die Brote vorbereiten und müssen sie dann nur noch bis zum Servieren warmhalten.

- 2–3 Stangenweißbrote
- 1 Packung passierte Tomaten (oder 1 Glas Pizzasoße)
- getrocknete Kräuter
- 1–2 Beutel geriebener Käse
- Für den Belag: Paprikastreifen, Ananas, Salami, Champignons, Schinken usw. zur Auswahl
- (eventuell) fertiges Knoblauchbrot
- Salat aus einer halben Gurke, 1 Kopf Eisbergsalat, 2 Tomaten

Die Baguettebrote in vier Teile schneiden und längs halbieren. Die Tomaten mit den Kräutern mischen und die Brothälften damit bestreichen. Käse darüberstreuen und nach Belieben belegen. Im heißen Ofen (200 Grad/Umluft 180 Grad/Gas Stufe 3) oder unter dem Grill 5–10 Minuten überbacken.

### Hühnersuppe mit Brot

Dieses Gericht wird auf dem Herd gekocht. Man muss sich also nicht mit den Launen eines unberechenbaren Backofens herumschlagen.

- 1 kg Hühnerfleisch, klein geschnitten
- 3 EL Weißmehl
- etwas Margarine oder Olivenöl
- 2 Zwiebeln, gehackt
- 1 TL gepresster Knoblauch
- 2 kg Möhren, in dünnen Scheiben
- 1 l Hühnerbrühe
- 2 TL Kräutermischung
- (eventuell) 2 Dosen Kichererbsen
- 1 Laib gutes Brot

Das Hühnerfleisch in Mehl wenden und in der Margarine oder dem Öl goldgelb braten. Zwiebeln, Knoblauch und Möhren ins heiße Öl geben und braten, bis sie leicht weich sind. Brühe, Kräuter und eventuell die Kichererbsen zugeben und 1 Stunde bei schwacher Hitze köcheln lassen. Das Brot in Scheiben schneiden und zur Suppe servieren. (Quorn-Stücke in einer ähnlichen Soße sind eine gute vegetarische Alternative.)

### Hamburger in Pittabrot mit Salat

Dieses Gericht ist ganz einfach und wird von den Junk-Food-Süchtigen bei unserer Oster-Ü-Kirche heiß geliebt! Für die Vegetarier können Sie Veggieburger anbieten.

- 10 Hamburgersteaks
- 10 Pittabrote
- Salat aus einer halben Gurke, 1 Kopf Eisbergsalat, 2 Tomaten

Die Hamburgersteaks nach Anweisung braten und in den Pittabroten servieren. Dazu Salat. Für die Vegetarier kann das Fleisch durch Hummus (Kichererbsenpüree), hart gekochte Eier oder gebratene Auberginenscheiben ersetzt werden.

# Kuchen

Es gibt so viele Kuchenrezepte, dass es nicht nötig ist, hier eines zu wiederholen. Wir drucken hier darum nur ein Grundrezept für Cupcakes, das als Basis für alle möglichen Variationen dienen kann, zum Beispiel mit Trockenfrüchten, Kakaopulver, Kaffeearoma, kandierten Kirschen oder Zitronensaft und -schale oder anderem.

### Cupcakes (für 20 Stück)

- 175 g Zucker
- 175 g (weiche) Butter oder Margarine
- 3 Eier
- 175 g Mehl
- etwas Backpulver

Am einfachsten ist es, alle Zutaten in eine Schüssel zu geben und mit dem Handrührer zu schlagen, bis die Masse schaumig ist. Sie können auch einen Schneebesen nehmen, aber seien Sie vorsichtig, damit nicht alles und jeder mit Mehl und Teig bespritzt wird.

Jeweils einen EL Teig in die Vertiefungen eines Muffinblechs oder in ein Papierförmchen geben und im Backofen bei 180 Grad/Umluft 160 Grad/Gas Stufe 2 auf mittlerer Schiene 15 Minuten backen, bis sie goldbraun und gut aufgegangen sind. Auf einem Backgitter auskühlen lassen.

Um Ihnen einen kleinen Eindruck davon zu geben, was unsere begnadeten Helfer Woche für Woche heranschaffen, hier eine kleine [leicht eingedeutschte] Aufzählung. Meist haben wir die Wahl zwischen Berlinern, Zitronenkuchen, Schokoladenkeksen, Donauwellen, Muffins, Kuchen aus dem Supermarkt mit hausgemachtem Überzug, Schokoladenriegeln, Schokokuchen, Spitzbuben, Früchtebrot mit Butter, Orangenkuchen, Obstkuchen … usw.

Wirklich *sehr* gut.

Und wenn wir gerade beim Essen sind – vergessen Sie nicht, auch für die Begrüßung Limonade, Milch, Tee, Kaffee, Zucker und Kekse zu besorgen. Wenn Sie in einem Großmarkt einkaufen können, umso besser.

# Kapitel 8
# Einführung in die Themenvorschläge

Die Themen in den folgenden Abschnitten liefern Ihnen eine Reihe von Ideen für jeweils etwa ein Vierteljahr. Ich hoffe, dass es Ihnen, wenn Sie einige durchprobiert haben, in den Fingern juckt, Ihre eigenen Vorstellungen zu verwirklichen. Wenn Sie einmal anfangen, sich umzusehen, werden Sie in zahlreichen Büchern Anregungen finden. Sie können zum Beispiel auch die Gleichnisse behandeln oder andere biblische Themen wie Reisen, Tiere, Helden oder Schurken. Der Fantasie sind keine Grenzen gesetzt!

## Vorbereitung

Jeder Ü-Kirchen-Nachmittag hat ein bestimmtes Thema, und alle Elemente können genutzt werden, um das Thema zu vertiefen. Die Umsetzung mittels verschiedener Medien hat einen ganz praktischen erzieherischen Nutzen und trägt dazu bei, dass das Gelernte und Erlebte bei allen besser haften bleibt.

Im Begrüßungsblock können Sie zum Beispiel Blätter zum Ausmalen oder Wortsuchspiele auflegen, die einen Bezug zum Thema haben. Bei der Begrüßung der Einzelnen können Sie kurz erklären, was das Thema ist: «Heute beschäftigen wir uns mit Bergen! Ich bin gespannt, wie viele Berge ihr bei den Kreativangeboten entdeckt.» Oder Sie können die Besucher auffordern, das Thema selbst herauszufinden: «Heute geht es um eine bewegende Geschichte, die Jesus erzählt hat. Ich bin gespannt, wie lange ihr braucht, um herauszufinden, um welche Geschichte es geht!»

Natürlich haben auch die Kreativvorschläge einen engen oder (wenn wir unter Druck sind) lockeren Bezug zum Thema. Im Andachtsraum können Sie visuelle Elemente einsetzen (Requisiten, Bilder, einen besonderen Blickfänger), ebenso bei der Andacht selbst. Sogar das Essen kann hin und wieder das Thema aufgreifen: Lamm zu Ostern, Fischstäbchen bei der Speisung der Fünftausend. Wenn Sie jemanden haben, der Digitalaufnahmen an den Kreativtischen machen kann, können Sie die Bilder auch schnell auf einen Laptop laden und zu Beginn der Andacht als Diashow laufen lassen oder auch während der Andacht Bezug darauf nehmen.

(Eine Randbemerkung zum Fotografieren: Wenn Sie besonders gut organisiert sind, werden Sie die Erwachsenen ein Formular unterschreiben lassen, dass Sie ihre Kinder filmen dürfen. Wir bei uns haben beschlossen, dass es zu kompliziert ist, immer aktuell zu bleiben, da jede Woche Neue dazukommen. Deshalb machen wir lieber Fotos von den gebastelten Gegenständen als von den Kindern. Wenn Sie nicht sicher sind, wie Sie vorgehen sollen, erkundigen Sie sich am besten bei den zuständigen Behörden.)

Sie brauchen ein Team von Helfern, die die einzelnen Kreativstationen betreuen. Einigen Helfern fällt es leicht, einfach und natürlich über Glaubensfragen zu reden; andere sind da eher gehemmt. Wertvolle Erkenntnisse können aber im Gespräch beim Bemalen eines Blumentopfs genauso gut vermittelt werden wie in der Andacht vom Rednerpult. Damit jeder einen Anhaltspunkt hat, worüber in der Kreativzeit geredet werden kann, liefern wir zu jedem Kreativvorschlag eine Gesprächsanregung zum Oberthema. Das gibt den Helfern einen Einstieg und hilft, dass an den verschiedenen Tischen nicht überall dieselbe Geschichte erzählt wird.

Beim Thema «Berge» zum Beispiel kann ein Helfer über die Speisung der Fünftausend reden, ein anderer über Gottes heiligen Berg bei Jesaja und noch ein anderer über Elia auf dem Karmel. Manchmal geht es um ein biblisches Thema, manchmal werden die Teilnehmer aufgefordert, von sich selbst zu erzählen, und manchmal dürfen sie einfach nur staunen über die Wunder in Schöpfung und Wissenschaft.

Wenn Sie nur ein Exemplar dieses Buches haben, sollten Sie das «Gesprächsthema» für jeden Helfer herauskopieren und allen ein paar Minuten Zeit geben, damit sie es sich ansehen und überlegen können, ob sie sich damit wohlfühlen. Manchmal ist auch der eifrigste Helfer mit einer bestimmten biblischen Geschichte nicht so vertraut und muss sie erst wieder auffrischen.

## Den Andachtsraum vorbereiten

Wir haben zum Glück ein ganz tolles Gebäude: Um von den Kreativstationen in die Kirche zu gelangen, müssen wir die Leute nur von einem Raum in den anderen führen. Das hilft uns, uns zu fokussieren. Trotzdem kommt es vor, dass jemand auf dem Weg verloren geht oder es in der Garderobe zu einem Gedränge kommt. Wenn die Situation bei Ihnen anders aussieht, lohnt es sich, gründlich zu überlegen, wo die Andacht am besten durchgeführt werden kann.

Wenn Sie genug Platz zur Verfügung haben, um die Andacht in einem separaten Raum zu halten, ist das vor allem auch für das Küchenteam eine Hilfe, da es dann in Ruhe die Tische decken und die Schüsseln aufstellen kann, ohne zu stören. Auch Essensduft kann ablenken!

Es klingt vielleicht sarkastisch, aber ist Ihre Kirche wirklich der beste Ort für die Andacht? Manche Kirchen sind so kalt und ungemütlich, dass es schwierig ist, sich zu konzentrieren, vor allem wenn man in dicke Parkas oder Mäntel gehüllt in Kirchenbänken sitzt, die für Erwachsene gebaut sind. Sicher spricht manches dafür, ein Gebäude zu nutzen, in dem Christen schon seit Jahrhunderten Gottesdienst gefeiert haben – und Menschen am Rand zur Erkenntnis zu verhelfen, dass dies auch *ihre* Kirche ist. Überlegen Sie gründlich, was Sie erreichen wollen und wo das am besten möglich ist.

Wenn Sie die Andacht in der Kirche abhalten wollen, dafür aber den Kreativbereich verlassen müssen, dann achten Sie darauf, dass alle sicher vom einen Ort zum anderen gelangen. Können Sie eine richtige «Prozession» veranstalten, so dass alle gemeinsam ankommen anstatt tröpfchenweise? Müssen Sie ins Warme oder Kalte? Ist es dort dunkel und furchterregend? Oder stimmungs- und geheimnisvoll? Oder überaus freundlich?

Wenn Sie für Kreativzeit, Essen und Andacht nur einen Raum zur Verfügung haben, sehen Sie das als Chance und nicht als Problem. Schließlich ist es schön, in einem Raum kreativ zu sein, eine Andacht zu haben und zu essen: eine wunderbare Aussage über Gott, der in unserem Alltagsleben wirkt und gleichzeitig der «andere», heilige Gott ist!

Natürlich stellen sich ganz praktische Fragen. Vielleicht möchten Sie bestimmte «Zonen» einrichten. Ein gutes Prinzip ist, dass Menschen Grenzen zwischen verschiedenen Räumen brauchen und es gut ist, wenn sie sich *vom* chaotischen Kreativbereich *in* den stillen / interessanten / stimmungsvollen / geheimnisvollen / spannenden Andachtsbereich bewegen können. Das kann im selben Raum sein, sollte aber ein anderer, zumindest «reservierter» Bereich sein. So weiß auch jeder, welches Verhalten im jeweiligen Bereich angemessen ist.

Können Sie den Raum mit Klebeband auf dem Boden unterteilen? Mit Stellwänden, Stühlen oder Tischen? Können Sie einen großen Teppich ausrollen, auf dem man sitzen kann? Vielleicht kann man Stühle im Kreis aufstellen; den Bereich mit einer Kerze, einem Tisch oder einem

Kreuz schmücken; für alle hörbar ein spannendes Geräusch ertönen lassen: Musik, Glocken, etwas, das mit dem Tagesthema zu tun hat, ein Lied, bei dem man mitsingen kann? Gibt es etwas zum Anfassen oder Herumreichen – eine Schale mit Sand, den man durch die Finger rieseln lässt; eine Schüssel mit Wasser, in die man die Hand tauchen kann; ein Stück schönen Stoff; eine Ansichtskarte oder etwas aus der Natur?

Wie Sie das Ganze gestalten, hängt auch von der Zahl der Teilnehmer ab. Sollen alle beim Eingang die Schuhe ausziehen? (Für kleine Kinder und ältere Personen, denen das Bücken schwerfällt, wäre das unter Umständen ein größerer Akt. Auch der Duft, den Teenagersocken ausströmen können, wäre in Betracht zu ziehen. All das gilt es zu bedenken.)

Prüfen Sie Ihre Räumlichkeiten mit den Augen der Fantasie. Dies ist Ihre Chance, eine Struktur zu schaffen. Möchten Sie bestimmte Formen des Sonntagsgottesdienstes übernehmen oder eher Elemente, die die Kinder aus Schulversammlungen kennen? Oder sollen die Teilnehmenden etwas gänzlich Neues erleben? Ist es Ihnen lieber, wenn die Menschen ordentlich in Reih und Glied in den Bänken sitzen, oder bevorzugen Sie einen lockereren, nicht so förmlichen Rahmen? Kommt die Einheit der Kirche eher in einem Kreis von Stühlen zum Ausdruck, oder sehen die Leute besser, wenn sie im Halbkreis sitzen? Können Sie die Form eines Kreuzes markieren und darin sitzen? Probieren Sie verschiedene Ideen aus: Womöglich verändern Sie damit das bisherige Gesicht Ihrer Gemeinde!

Hören Sie sich Vorschläge aller Altersgruppen an und entwickeln Sie Ihren eigenen Gottesdienststil für diese neue Versammlung. Vielleicht ist Ihnen noch nicht aufgefallen, dass die, die nur einen Meter groß sind, überhaupt nichts sehen, falls sie nicht gerade in der ersten Reihe sitzen. Vielleicht haben Sie noch nicht gewusst, wie schrecklich unbequem die Stühle sind, wenn Ihre Beine zu kurz oder zu lang sind oder Sie Rückenprobleme haben. Vielleicht haben Sie auch die toten Käfer auf dem Fußboden noch nicht bemerkt, auf dem die Kleinkinder sitzen sollen, oder den eigenartigen Geruch in der einen Ecke … Vergessen Sie es nicht: Diese Versammlung ist der *neue* Wein und kann vielleicht Ihre alten Schläuche zerreißen.

---

**Hilfe aus dem Web**
Im Internet finden Sie jede Menge Bastelvorschläge und Anleitungen. Etwa unter: www.bastelideen.info
Oder unter: www.praxis-jugendarbeit.de/basteln.html
Generell in einer Suchmaschine «Bastelideen» eingeben – und staunen! Denn da gibt es Ideen ohne Ende!

---

# Themenvorschläge für den Sommer

## Gottes Familie und unsere Familie

### Geschichten über Familien aus dem Alten Testament

# Thema 1
# Abraham und Sara

## Das Ziel

Aufzeigen, dass wir alle zur selben Familie der Gläubigen gehören, die mit der Geschichte von Abraham und Sara begann. Und mit der Verheißung, die Gott ihnen gab.

## Der biblische Hintergrund (1. Mose 12–21)

Dies ist eine lange, weitschweifige Geschichte, die wir auf ein paar Elemente reduziert haben. Gott ruft Abram auf, sich mit ihm auf eine lange Reise zu begeben. Abrams Frau Sarai kann keine Kinder bekommen, und darüber sind die beiden sehr traurig. Unterwegs verspricht Gott Abram, er werde mehr Kinder haben, als es Sterne am Himmel oder Sandkörner in der Wüste gibt. Als Bestätigung für dieses Versprechen ändert er die Namen von Abram und Sarai um in Abraham und Sara.

Gottes Versprechen geht in Erfüllung. In hohem Alter bekommt Sara schließlich ein Baby, das sie Isaak nennen. Die Ur-Ur-Ur-(ganz viele Ur)-Großenkel dieser Familie sind heute die Mitglieder der Familie Gottes. Das heißt, wir gehören alle zur selben Familie – Gottes Familie der Glaubenden. Gottes Verheißung beginnt ganz klein, aber sie kann gewaltige Formen annehmen.

## DAS ESSEN

### *Pasta plus*

Stellen Sie Soße und geriebenen Käse in Schüsseln auf die Tische. Nudeln und Erbsen bringen Sie aus der Küche. Eltern oder Teenies können beim Verteilen helfen. Es dauert zu lange, alles in der Küche auf die Teller zu füllen und noch warm an die Tische zu bringen.

## Sterne drucken

**Sie brauchen:** Moosgummi, feste rohe Kartoffeln (gewaschen und trocken), Plakafarbe in verschiedenen Farben, dunkles Papier oder Karton

Aus Moosgummi oder Kartoffeln sternförmige Stempel schneiden und in mindestens drei verschiedene Farben tauchen. Auf das dunkle Papier oder den Karton Sterne stempeln.

*Gesprächsthema*
Wie viele Sterne können wir nachts am Himmel sehen? Ermuntern Sie die Teilnehmer, heute Abend einmal die Sterne zu zählen.

## «Sand»-Flaschen

**Sie brauchen:** Verschiedenfarbige Perlen oder gefärbten «Sand», den man selbst aus Salz und Farbpulver herstellen kann (siehe unten), durchsichtige Plastikflaschen

Die Plastikflaschen abwechselnd mit verschiedenfarbigen Perlen oder gefärbtem «Sand» füllen. Fest verschließen!
«Sand» kann man aus Salz und Farbpulver herstellen. Für sandfarbenen «Sand» einen Teelöffel gelbe und einen halben Teelöffel rote Farbe auf 1 Kilo Salz geben.

*Gesprächsthema*
Versuchen Sie, die Sandkörner in den Flaschen zu zählen, und sprechen Sie darüber, wie schwierig das ist. Fragen Sie, wer die größte Zahl nennen kann. Staunen Sie über die Vorstellung von Unendlichkeit.

## Familienkarten

> **Sie brauchen:** mittelschweren weißen oder bunten Karton, Aufkleber, Stanzer, bunte Papierschnitzel, Bastelleim, Schere, Buntstifte oder andere farbige Stifte

Eine Karte gestalten, die man einem Familienmitglied schenken kann, ob in der Nähe oder ganz weit fort. Die Karte mit Aufklebern, farbigen Papierschnipseln oder ausgestanzten Elementen verzieren.

*Gesprächsthema*
Unterhalten Sie sich darüber, wie weit Familien zurückreichen, von den Eltern über die Großeltern bis zu den Urgroßeltern und noch weiter. Machen Sie sich darauf gefasst, viel über ältere Verwandte zu hören! Sprechen Sie darüber, wie eines Tages die Kinder selbst Eltern oder Großeltern oder Urgroßeltern sein werden! Familie zieht sich durch alle Zeiten.

## Warhammer-Workshop

> **Sie brauchen:** Warhammer-Figuren oder andere unbemalte Spielfiguren (fordern Sie die Kinder auf, ihre eigenen mitzubringen), Acrylfarbe in verschiedenen Farben, Pinsel, Reinigungsmittel, Küchenpapier

Die Figuren gemeinsam bemalen!

*Gesprächsthema*
Sprechen Sie darüber, wie viel Spaß es macht, Dinge zu sammeln, die eigene Sammlung zu pflegen und wachsen zu sehen.

## Wasserfarb-Gesichter

> **Sie brauchen:** Wasserfarbe in verschiedenen Farben, Malpapier, Pinsel, Krüge mit sauberem Wasser, Küchenpapier

Mit den Farben ein Gesicht auf ein Zeichenblatt malen.

*Gesprächsthema*
Sprechen Sie über die verschiedenen Farben, die man braucht, um ein ganzes Bild zu malen, so wie erst aus ganz verschiedenen Menschen eine Familie entsteht.

### Reisen

> **Sie brauchen:** Umrisse von Autos, Zügen, Kamelen, Pferden und Karawanen (mit dickem Filzstift auf Papier gezeichnet), Plakafarbe in verschiedenen Farben, Pinsel, Krüge mit sauberem Wasser, Küchenpapier

Lassen Sie die Teilnehmer mithilfe der vorbereiteten Umrisse ihre Familie malen, die mit einem der Transportmittel eine Reise unternimmt. Ermuntern Sie dazu, auch entferntere Familienmitglieder, Freunde oder Leute aus der Gemeinde auf die Reise mitzunehmen.

*Gesprächsthema*
Sprechen Sie über die Reisen, die Familien manchmal unternehmen. Hat jemand erst kürzlich mit seiner Familie eine Reise gemacht? Wie war es? Wie haben sie sich geeinigt, wenn jeder in eine andere Richtung wollte?

### Stern-Mobile

> **Sie brauchen:** Sterne aus Karton, Glitzer und Glitzerleim, Satinband, Drahtkleiderbügel

Die Kartonsterne mit Glitzer und Glitzerleim dekorieren und mit glänzendem Geschenkband an einen Drahtkleiderbügel hängen.

*Gesprächsthema*
Sprechen Sie über die Sterne am Himmel, die auch tagsüber da sind, obwohl wir sie dann nicht sehen.

## Sterne kleben

**Sie brauchen:** dunkles Papier, Röhrchen mit silbernen Glitzer-sternchen, Bastelleim, Silber- und Goldstifte

Mit den Silbersternchen ein eigenes Sternbild gestalten und ihm einen Namen geben.

*Gesprächsthema*
Sprechen Sie über die Muster, die die Sterne am Himmel bilden, und wie die Leute in diesen Bildern Tiere, Vögel und Helden erkennen.

## Sandkasten

**Sie brauchen:** Sandgrube oder Sandkasten mit hellem Sand, Ei-merchen, Schaufeln und Löffel

Mit den Eimern, Schaufeln und Löffeln im Sand spielen.

*Gesprächsthema*
Sprechen Sie über die Wüste und wie sie sich durch den Wind, der da-rüberbläst, ständig verändert. Unterhalten Sie sich über Strände, Sand-burgen und Sandkuchen.

## Zikkurat-Brote

**Sie brauchen:** dünne Weißbrotscheiben, verschiedene Brotbeläge, Messer, Pappteller

Die Weißbrotscheiben in Quadrate unterschiedlicher Größe schneiden und mit verschiedenen Brotbelägen auf den Tisch stellen: Marmelade, Nutella, Käse, Schinken, Senf, Salatblätter usw. Die Brotscheiben bele-gen und die Quadrate so aufeinanderschichten, dass sie nach oben im-mer kleiner werden, bis ein pyramidenförmiges Gebilde entsteht. Ob Sie es essen wollen, ist Ihnen überlassen ...

*Gesprächsthema*

Sprechen Sie über die Stadt Ur aus dem Altertum, in der die Menschen in Türmen, den so genannten Zikkuraten, ihre Götter anbeteten, und wie Abraham dem wahren Gott nicht in einem Gebäude, sondern in der Wüste begegnete.

## DIE ANDACHT

### Die Kirche oder den Gemeindesaal vorbereiten

> **Sie brauchen:** große Kartonsterne, (eventuell) PowerPoint mit Fotos der diversen Kreativangebote, Muster von jedem Kreativtisch, eine kleine Schüssel mit hellem Sand

Die Kartonsterne aufhängen, einige auf den Boden legen. Wenn Sie PowerPoint-Fotos zeigen, starten Sie den Beamer, wenn die Leute hereinkommen.

### Liedvorschläge

Geh, Abraham, geh / Wo ein Mensch Vertrauen gibt / Weißt du, wie viel Sternlein stehen / Rock, my soul

### Biblische Geschichte und Auslegung

Wenn ich unsere Kunstwerke betrachte, dann sehe ich ganz viel Sand und viele Sterne. Dabei fällt mir eine Geschichte ein.

*(Nehmen Sie Bezug auf die Bilder der PowerPoint-Präsentation oder Muster von den einzelnen Kreativtischen, um den Leuten diese Geschichte zu erzählen.)*

Da war ein Mann, der hieß Abraham. Er war schon sehr alt. Seine Frau hieß Sara. Die beiden waren meistens sehr traurig, weil sie keine Kinder hatten.

Aber eines Nachts in der Wüste gab Gott diesem Abraham ein ganz besonderes Versprechen. Er sagte zu Abraham: «Schau dir den Himmel an und versuche die Sterne zu zählen! Genauso werden deine Nachkommen sein – unzählbar!»

*(Zeigen Sie einen der gebastelten Sterne.)*

«... sieh den Sand am Meer. Wie viele Körner kannst du zählen? Ich werde dich überreich beschenken und dir so viele Nachkommen geben, wie es Sterne am Himmel und Sand am Meer gibt.»

*(Nehmen Sie eine Schüssel mit Sand und lassen Sie den Sand zwischen Ihren Fingern zurück in die Schüssel rieseln.)*

Gott hat sein Versprechen gehalten. Wir sind Abrahams Nachkommen, weil wir zu Gottes Familie gehören – der Familie der Christen, die an ihn glauben. Wir haben Millionen von Brüdern und Schwestern auf der ganzen Welt – in jedem Land, in jedem Alter und von jeder Hautfarbe.

### Gemeinsames Gebet

Lassen Sie die Anwesenden etwas überlegen, wofür sie Gott danken können. Bitten Sie alle, die laut sagen möchten, wofür sie danken wollen, sich zu melden. Wiederholen Sie jeweils, was gesagt wird, und laden Sie alle ein, darauf zu antworten: «Herr, wir danken dir.»

### Schlussgebet

*Herr, wir danken dir, dass deine Kinder auf der ganzen Welt und durch alle Zeiten hindurch eine große Familie sind und dass wir zu deiner Familie gehören dürfen. Hilf uns, auch so zu leben und einander durch dick und dünn zu lieben. Amen.*

### Ü-Segen

**Die Gnade unseres Herrn Jesus Christus**
*(strecken Sie die Hände aus, als wollten Sie ein Geschenk empfangen)*

**und die Liebe Gottes**
*(legen Sie die Hände aufs Herz)*

**und die Gemeinschaft des Heiligen Geistes**
*(fassen Sie Ihre Nachbarn an den Händen)*

**sei mit uns allen, jetzt und für alle Zeit. Amen!**
*(Heben Sie beim Wort «Amen» miteinander die Hände in die Höhe.)*

# Thema 2
# Josef

## Das Ziel

Die Geschichte von Josef kennen lernen; entdecken, was es heißt, Gott auch in schwierigen Zeiten zu vertrauen; über Familienstreitigkeiten nachdenken; sich mit dem Thema von Gottes Erlösung auseinandersetzen.

## Der biblische Hintergrund (1. Mose 37–50)

Die Geschichte von Josef hat sehr viele Komponenten. Ein Teil davon sollte in den Kreativangeboten erarbeitet werden, so dass die Geschichte in der Andacht vertieft und die Anwesenden mit einbezogen, anstatt von vorne angepredigt werden. Achten Sie darauf, dass die Gestalten für Kinder und Erwachsene lebendig werden, damit sie die Zusammenhänge zwischen dieser alten Geschichte und ihrem eigenen Leben erkennen. Sie können zum Beispiel sagen: «Ich frage mich, ob jemand hier ist, der schon einmal auf seinen Bruder oder seine Schwester eifersüchtig war? Ich frage mich, ob jemand schon einmal so böse auf einen anderen war, dass er ihn am liebsten umgebracht hätte? Habt ihr euch jemals überlegt, was Gott für einen Plan für euer Leben haben könnte? Hattet ihr schon jemals das Gefühl, Gott hätte euch im Stich gelassen?» ...

### DAS ESSEN

#### *Kartoffeln in der Schale*

Stellen Sie Salat, Käse, Bohnen und Thunfisch in Schüsseln auf den Tisch, so dass sich jeder bedienen kann. Bringen Sie die Kartoffeln aus der Küche. (Bohnen und Käse sind sehr beliebt, Thunfisch nicht so sehr.)

### Traumbilder

---

**Sie brauchen:** Spülmittel, Plakafarbe in verschiedenen Farben, große flache Schüsseln, Strohhalme, Papier, kleine Papierquadrate, Bastelleim

---

Spülmittel in die Schüsseln geben und die Plakafarbe darunter mischen. Mit einem Strohhalm in die Mischung blasen, damit sie schaumig wird. Vorsichtig ein Blatt Papier daraufhalten, bis sich das Blasenmuster abzeichnet. Jeder malt seinen Traum auf eines der kleinen Papierquadrate und klebt ihn auf das Blasenbild, so dass die Blasen einen Rahmen für den Traum geben.

*Gesprächsthema*
Sprechen Sie über Träume, wie Gott durch Träume zu Menschen reden kann und dass die meisten Menschen einen Lebenstraum haben. Wenn wir versuchen, unseren Traum zu leben, stellen wir vielleicht fest, dass Gott ganz andere Pläne für uns hat, die womöglich noch viel besser sind als unser Traum.

### Ein prächtiges Gewand

---

**Sie brauchen:** Den Umriss eines sehr einfachen Mantels auf einem großen Stück Karton, Bänder oder Stoffstreifen, Bastelleim

---

Jeder wählt ein paar Bänder oder Stoffstreifen aus und klebt sie auf den Karton, so dass es einen richtig schönen Mantel gibt.

*Gesprächsthema*
Sprechen Sie über das prächtige Gewand, das Jakob seinem Sohn Josef schenkte. Fragen Sie jeden, was zurzeit sein liebstes Kleidungsstück ist.

## Mantel-Collage

**Sie brauchen:** eine Kartonvorlage in Mantelform, Filzstifte, Stoffreste, Scheren, Knöpfe und Pailletten, (eventuell) Sicherheitsnadeln, (eventuell) Nadeln und Garn, (eventuell) kleine Kartonstückchen, Bastelleim

Aus Karton eine Mantelschablone zuschneiden, deren Umriss man mit Filzstift auf ein Stück Stoff übertragen kann. (Eventuell eine kleinere Schablone für die älteren Teilnehmer und eine große für die Kinder.) Den Mantel ausschneiden, mit Knöpfen und Pailletten verzieren (aufkleben oder annähen) und als Bild auf einen Karton kleben oder an die Rückseite eine Sicherheitsnadel nähen und so einen Anstecker daraus machen.

*Gesprächsthema*
Unterhalten Sie sich über das Musical «Joseph and the Amazing Technicolor Dreamcoat» oder über den Zeichentrickfilm «Der Prinz von Ägypten».

### Geschenkschachtel dekorieren

**Sie brauchen:** kleine Spanschachteln, Stoffreste, Knöpfe, Pailletten oder anderes Dekomaterial, eingewickelte Bonbons (nicht zu hart wegen Erstickungsgefahr)

Mit den Stoffresten, Knöpfen, Pailletten oder anderen Gegenständen kleine Spanschachteln dekorieren. Als Motiv ein Herz oder Kreuz verwenden als Symbol der Liebe. In die Schachtel ein eingewickeltes Bonbon legen und die Schachtel jemandem schenken, den man gern hat.

*Gesprächsthema*
Sprechen Sie über Geschenke von Freunden oder Familienangehörigen und wie Sie einem Freund oder Angehörigen etwas schenken können, einfach weil Sie ihn oder sie gern haben.

## Brot backen

> **Sie brauchen:** vorbereiteten Brotteig, Backpapier, Stifte, Backbleche, Eigelb oder (eventuell) Milch (an Lebensmittelallergien denken), (eventuell) Backpinsel

Den Brotteig in Streifen schneiden. Jeder Teilnehmer erhält drei Streifen, aus denen er einen Zopf flechten kann. Den Namen auf ein Stück Backpapier schreiben und den Zopf darauflegen. Mit Eigelb oder Milch bepinseln und im vorgeheizten Backofen (200 Grad/Umluft 180 Grad/Gas Stufe 3) 15–20 Minuten backen, bis die Oberfläche goldbraun ist.

*Gesprächsthema*
Der Bäcker im Gefängnis, der von feinem Gebäck träumte (1. Mose 40,1–23).

## Daumen-Figuren

> **Sie brauchen:** Plakafarbe in verschiedenen Farben, Papier, Filzstifte

Mit Plakafarbe zwölf Daumenabdrücke auf das Papier drucken. Wenn sie getrocknet sind, mit Filzstift Augen, Münder, Bärte und Kleider einzeichnen. Das sind Josef und seine elf Brüder.

*Gesprächsthema*
Sprechen Sie darüber, aus wie vielen verschiedenen Menschen eine Familie besteht und wie schwierig das Zusammenleben sein kann, wenn man das Gefühl hat, man sei ganz anders als die anderen. Tauschen Sie sich darüber aus, was Ihnen hilft, mit anderen zurechtzukommen.

## Besticktes Nadelheft

> **Sie brauchen:** kleine Rechtecke aus Filz, etwas Stickgarn, Knöpfe oder Pailletten, Bastelleim, Sticknadeln (Vorsicht bei sehr kleinen Kindern)

Ein Rechteck aus Filz für die Außenseite verwenden. Die Vorderseite mit ein paar Stickstichen verzieren oder Knöpfe oder Pailletten als Verzierung aufnähen. Kleinere Kinder müssen die Dekoration vielleicht aufkleben. Die Älteren wollen eventuell ein paar Stickstiche lernen, um ihre Initialen aufzusticken. Ein etwas kleineres Stück Filz zuschneiden und beide Teile in der Mitte mit Stielstichen zusammennähen. Mittig falten und etwas andrücken, damit ein Heft entsteht. Symbolisch eine Nadel als Beginn der Sammlung hineinstecken.

*Gesprächsthema*
Sprechen Sie darüber, was man zum Nähen alles braucht und was man mit Stoff machen kann.

## Wasserfarbbilder

**Sie brauchen:** Wasserfarben, Papier, Pinsel, Behälter mit sauberem Wasser, Küchenpapier

Mit bunten Farbstreifen einen Mantel für Josef malen. Welche Farben passen gut zueinander?

*Gesprächsthema*
Sprechen Sie über die buntesten Kleider, die Sie je gesehen haben. Zeigen Sie Bilder von Kleidern mit außergewöhnlichen Mustern und Formen von bekannten Designern.

## Falsche Bärte

**Sie brauchen:** Kunstpelzreste, Stoffreste in Schwarz und Dunkelbraun, Schere, dunkle Wolle und eine Stopfnadel, (eventuell) Band

Aus den Kunstpelz- oder Stoffresten Dreiecke schneiden, die so groß sind, dass man sie als Bart ans Kinn hängen kann. Ein Loch für den Mund hineinschneiden. Mit einer Stopfnadel und dunkler Wolle auf jeder Seite einen Wollfaden oder ein Band annähen, mit dem man den Bart befestigen und am Hinterkopf zusammenbinden kann. Kleineren Kindern eventuell beim Annähen helfen. So ein Bart ist eine Zierde!

*Gesprächsthema*
Sprechen Sie über die «bärtigen Ismaeliten», die Josef mit nach Ägypten nahmen und dort als Sklaven verkauften (1. Mose 37,25–28).

## *Kamel-Anhänger*

> **Sie brauchen:** Metallic-Wachsmalstifte, verschiedene Münzen, weiche Bleistifte, Bastelleim, Papier, Schere, dünnen Karton, eine Lochzange, Satinband oder dicken Faden, (eventuell) Laminiergerät

Papier über eine Münze legen und mit Wachsmalstift darüberreiben. Die Abdrucke vorsichtig ausschneiden und jeweils 2 mit der Rückseite aneinander kleben, so dass auf jeder Seite die Münze zu sehen ist. Nach Möglichkeit die Münzen laminieren, lochen und einen Faden oder ein Band durch das Loch ziehen. Mit dem Anhänger das Kamel schmücken (oder das Auto oder den Scooter).

*Gesprächsthema*
Sprechen Sie darüber, wie Josef für zwanzig Silberstücke verkauft und auf einem Kamel von seiner Familie fortgebracht wurde. Kamele wurden mit goldenen Anhängern geschmückt, so wie wir heute oft irgendwelche Gegenstände an den Rückspiegel im Auto hängen.

## DIE ANDACHT

### *Die Kirche oder den Gemeindesaal vorbereiten*

> **Sie brauchen:** Bunte Pullover oder Jacken, Kleiderbügel, Spielzeugkamele oder Bilder von Pyramiden, (eventuell) PowerPoint mit Fotos der diversen Kreativangebote, Muster von jedem Kreativtisch, eine große Schachtel oder Tüte (für die biblische Geschichte) mit einem bunten Gewand, einem kleinen Messer, einem kleinen Brot und einem Bild mit einem lächelnden Gesicht

Den Andachtsraum mit bunten Jacken oder Pullovern auf Kleiderbügeln sowie den Spielzeugkamelen oder Bildern von Pyramiden dekorieren. Wenn Sie PowerPoint-Fotos zeigen, starten Sie den Beamer, sobald die Leute hereinkommen.

## Liedvorschläge

Kindermutmachlied / Gott hat alle Kinder lieb / Wie ein Fest nach langer Trauer

### Biblische Geschichte und Auslegung

Ziehen Sie von den Dekorationen oder gebastelten Gegenständen die Verbindung zu Josef. Holen Sie bei jedem Teil der Geschichte den passenden Gegenstand aus der Schachtel oder Tüte.

Josef hatte elf Brüder. Vielleicht streitest du manchmal mit deinen Geschwistern. Nun, Josef und seine Brüder hatten sehr oft Streit. Das lag zum Teil daran, weil die Brüder neidisch waren auf das prächtige Gewand, das ihr Vater Jakob ihrem Bruder Josef geschenkt hatte.
*(Holen Sie einen bunten Mantel oder ein buntes Kleid aus der Schachtel oder Tüte.)*
Außerdem hatte Josef Träume, die ihnen nicht gefielen. Er träumte zum Beispiel, dass die Sonne, der Mond und elf Sterne sich vor ihm verbeugten. Seine Brüder hielten ihn für einen Angeber.
Deshalb machten sie einen Plan, um Josef umzubringen. Sie warfen ihn in einen ausgetrockneten Brunnen, aber dann beschlossen sie, ihn doch nicht zu töten, sondern an ein paar Sklavenhändler zu verkaufen, die gerade vorbeikamen. Die Händler brachten Josef nach Ägypten. Aber die Brüder beschmierten das wunderschöne Gewand mit Ziegenblut und erzählten ihrem Vater Jakob, ein wildes Tier hätte Josef getötet.
*(Holen Sie ein kleines Messer aus der Schachtel oder Tüte.)*
In Ägypten wurde Josef als Sklave verkauft. Obwohl er sehr hart arbeitete, wurde er ins Gefängnis geworfen für etwas, das er gar nicht getan hatte. Im Gefängnis erzählte er anderen Gefangenen, was ihre Träume bedeuteten, und später erzählte er auch dem Pharao, was sein Traum bedeutete. Es würde mehrere Missernten geben und eine große Hungersnot. Deshalb sollte Ägypten Nahrungsvorräte anlegen.
*(Holen Sie ein kleines Brot aus der Schachtel oder Tüte.)*

Die Hungersnot kam über die ganze Gegend – und Ägypten war das einzige Land, in dem es noch etwas zu essen gab. Das war Josef zu verdanken. Josefs Brüder kamen nach Ägypten, um Nahrung zu kaufen, aber sie erkannten Josef nicht. Was sollte Josef tun? Sollte er sich an ihnen rächen, weil sie ihn vor langer Zeit so böse behandelt hatten?

Nein! Er sagte ihnen, wer er war, und vergab ihnen. «Ihr wolltet mir Böses tun», sagte er zu ihnen, «aber Gott hat Gutes daraus entstehen lassen. Dadurch konnte ich vielen Menschen das Leben retten.» Da holten sie ihren Vater Jakob nach Ägypten, und Gott führte die ganze Familie wieder zusammen.

*(Holen Sie ein Bild mit einem lächelnden Gesicht aus der Schachtel oder Tüte.)*

Gott kann Dinge, die falsch laufen, in die Hand nehmen und zurechtbringen, damit etwas Gutes daraus wird. Er will uns als seine Familie zusammenbringen.

### Gemeinsames Gebet

Denkt einmal an jemanden, mit dem ihr vor kurzem Streit hattet. Wir wollen Gott sagen, dass es uns leidtut, und ihn bitten, dass er uns hilft, diesem Menschen zu vergeben und die Sache wieder in Ordnung zu bringen.

**Leiter:** Danke, Herr, unser Gott, dass du auch aus unseren Fehlern etwas Gutes machen kannst.

**Alle:** Herr, wir danken dir.

**Leiter:** Danke für die Ü-Kirche und unsere Familie und alle Freunde, die hier sind.

**Alle:** Herr, wir danken dir.

**Leiter:** Danke für unsere Familien und unser Zuhause, für unsere Brüder und Schwestern und alle, die uns lieben.

**Alle:** Herr, wir danken dir.

**Leiter:** Danke für unsere Freunde in der Kirche und der Schule.

**Alle:** Herr, unser Gott, wir danken dir.

### Schlussgebet

*Herr, wir danken dir, dass deine Kinder auf der ganzen Welt und durch alle Zeiten hindurch eine große Familie sind und dass wir zu deiner Fami-*

*lie gehören dürfen. Hilf uns, auch so zu leben und einander durch dick und*
*dünn zu lieben. Amen.*

## *Ü-Segen*

**Die Gnade unseres Herrn Jesus Christus**
*(strecken Sie die Hände aus, als wollten Sie ein Geschenk empfangen)*

**und die Liebe Gottes**
*(legen Sie die Hände aufs Herz)*

**und die Gemeinschaft des Heiligen Geistes**
*(fassen Sie Ihre Nachbarn an den Händen)*

**sei mit uns allen, jetzt und für alle Zeit. Amen!**
*(Heben Sie beim Wort «Amen» miteinander die Hände in die Höhe.)*

## Thema 3
# Mose

## Das Ziel

Die Geschichte von Mose erzählen und sich mit dem Thema von Gottes Erlösung auseinandersetzen.

## Der biblische Hintergrund (2. Mose 1–15)

Es gibt viele Geschichten von Mose. Wir beschäftigen uns hier mit der Zeit bis zum Auszug aus Ägypten. Auf die Wüstenwanderung oder die Zehn Gebote gehen wir nicht ein. Der Bezug zum heutigen Leben kann mit den Fragen hergestellt werden, wo wir tyrannisiert werden oder uns einer Aufgabe nicht gewachsen fühlen, wie man Gott in schwierigen Zeiten vertrauen oder daran glauben kann, dass er einen Plan für unser Leben hat.

### DAS ESSEN

#### *Brathähnchen*

Zu so einer wichtigen Geschichte gehört ein festliches Essen. Wenn Sie wollen, können Sie an dieser Stelle auch ein Passahmahl feiern, da es hier gut passt (siehe Seite 155). Wir haben uns das allerdings für Ostern aufgehoben.

Stellen Sie Soße, Kartoffeln und Möhrengemüse auf die Tische. Die Hähnchenportionen servieren Sie aus der Küche.

### DIE KREATIVSTATIONEN

#### *Pyramiden*

**Sie brauchen:** Zahnstocher, getrocknete Erbsen

Mit den Zahnstochern dreidimensionale Figuren zusammenstecken. Die Erbsen dienen als Verbindungselemente.

*Gesprächsthema*
Sprechen Sie darüber, wie Gottes Volk aus Stroh und Lehm Ziegelsteine für die Pyramiden des Pharaos herstellen musste.

## *Lehmziegel*

**Sie brauchen:** sterilisierte Gartenerde (siehe unten), (eventuell) schnell härtenden Ton

Die Gartenerde einige Zeit vorher sterilisieren. Dazu die Erde mit Wasser in einem alten Topf aufkochen und abkühlen lassen. Anstelle von Erde kann man auch Ton verwenden. Zum Spielen am besten ins Freie gehen.

*Gesprächsthema*
Sprechen Sie darüber, wie Gottes Volk in der sengenden Hitze arbeiten und Ziegelsteine für die Pyramiden herstellen musste.

## *Papyrus weben*

**Sie brauchen:** A4-Papier, Schere, Bastelleim

Ein A4-Blatt längs nicht ganz bis zum Blattrand in Streifen schneiden, so dass eine Art Rand bleibt. Ein zweites Blatt genauso schneiden, aber quer. Nun die Streifen so ineinanderflechten, dass ein Webmuster entsteht. Zur Sicherheit mit Bastelleim bestreichen.

*Gesprächsthema*
Sprechen Sie darüber, wie die Ägypter durch das Verweben von Papyrusblättern Schreibpapier herstellten.

## Hieroglyphen

**Sie brauchen:** Muster von ägyptischen Hieroglyphen, Papier, Stifte, dünne Pinsel, schwarze Farbe, Behälter mit sauberem Wasser, Küchenpapier

Zeigen Sie die Hieroglyphen und erklären Sie, was sie bedeuten. Mit dem Stift eigene Hieroglyphen zeichnen und mit Pinsel und schwarzer Farbe übermalen, so dass sie einen ägyptischen «Look» bekommen.

*Gesprächsthema*
Sprechen Sie darüber, dass nur wenige Menschen lesen und schreiben konnten. In Ägypten gab es Schreiber, die alles in Hieroglyphen (Bildzeichen) niederschrieben.

## Bild von den zehn Plagen

**Sie brauchen:** Bilder der zehn Plagen (siehe 2. Mose 7–11), beige Papier- oder Kartonbögen, Filzstifte, Bastelleim

Die Bilder von den Plagen fotokopieren und auf beiges Papier oder Karton kleben, so dass sie wie ein ägyptisches Wandgemälde aussehen. Die Umrisse mit Filzstiften verzieren.

*Gesprächsthema*
Sprechen Sie darüber, wie ganz Ägypten unter dem hartherzigen Pharao leiden musste.

## Do-it-yourself-Geschwüre

**Sie brauchen:** künstliche Wunden (siehe unten), Make-up und Klebstoff (Vorsicht bei Kontaktallergien), Seidenpapier in verschiedenen Farben (siehe unten)

Mit künstlichen Wunden aus dem Theaterbedarf oder einem Laden für Scherzartikel, Make-up und Klebstoff einige Beulen ins Gesicht kleben. Günstiger ist es, aus weißem, rosa, orangefarbenem, gelbem und rotem Seidenpapier Pappmaché anzurühren und die Beulen selbst herzustellen.

*Gesprächsthema*
Sprechen Sie darüber, wie grässlich es sich anfühlt, wenn man Windpocken oder einen dicken Pickel hat.

### Origami-Frösche

> **Sie brauchen:** A4-Papier, Stifte, Schere

Faltanleitungen für Origami-Frösche gibt es im Internet.

*Gesprächsthema*
Sprechen Sie darüber, wie es ist, einen Frosch im Garten zu haben, und wie es wohl sein mag, wenn überall Frösche sind – im Bett, in der Küche, in der Toilette.

### Gestank

> **Sie brauchen:** verschiedene Dinge, die schlecht riechen (siehe unten), kleine Gläser mit Schraubdeckeln

Zur Vorbereitung verschiedene Dinge sammeln, die wirklich schlecht riechen – ein faules Ei, verschimmelten Käse, eine verdorbene Banane, ein feuchtes Spültuch, das schon muffig riecht. Jedes Teil in ein undurchsichtiges, verschließbares Glas stecken, die Teilnehmer kurz daran riechen und raten lassen, worum es sich handelt.

*Gesprächsthema*
Sprechen Sie darüber, wie schlecht es in Ägypten nach den zehn Plagen gerochen haben muss.

## Collage vom Roten Meer

**Sie brauchen:** ein Stück glatte Papiertischdecke von der Rolle, Filzstifte, blaues Zellophan- oder Geschenkpapier, A4-Papier, Papierschnipsel aus buntem Papier oder Papier mit holografischem Muster, Schere, Bastelleim

Auf die Tischdecke ein Bild von Mose und den Israeliten malen, wie sie das Rote Meer durchqueren. Aus dem blauen Zellophan- oder Geschenkpapier Wellen aufkleben. Fische malen und ausschneiden und auf beiden Seiten des Weges ins Meer kleben.

*Gesprächsthema*
Sprechen Sie darüber, wie Sie aus einer gefährlichen Situation gerettet wurden, und lassen Sie die Teilnehmer erzählen, wie *sie* so etwas erlebt haben.

### Fladenbrot

Sie brauchen:

225 g Weißmehl
1 TL Salz
150 ml kaltes Wasser
Backblech
Backpapier
Gabel
Öl (zum Bestreichen)

Aus Mehl, Salz und Wasser einen Teig mischen. Etwa 10 Minuten kneten. Flach ausrollen und mit einer Gabel ein Muster einstechen. Auf das Backpapier legen und den Namen auf das Papier schreiben. Bei Mittelhitze (180 Grad/Umluft 160 Grad/Gas Stufe 2) 10–15 Minuten backen.

*Gesprächsthema*
Sprechen Sie darüber, wie Brot normalerweise Zeit braucht, um aufzugehen, aber dass man, wenn es schnell gehen muss, auch ein Fladen-

brot ohne Hefe oder Sauerteig backen kann. Das befahl Mose den Israeliten, als sie aus Ägypten fliehen mussten.

## DIE ANDACHT

### *Die Kirche oder den Gemeindesaal vorbereiten*

> **Sie brauchen:** zwei lange Bahnen blauen Stoff, eine Palme aus Pappröhren und Papierblättern, Papier und Bleistift für alle Teilnehmer, (eventuell) PowerPoint mit Fotos der diversen Kreativangebote, Muster von jedem Kreativtisch

Im Kirchenschiff oder im Hauptgang zwei lange Bahnen blauen Stoff auslegen. Vorn die Palme aufstellen. Jede Person bekommt ein Stück Papier und einen Stift. Wenn Sie PowerPoint-Fotos zeigen, starten Sie den Beamer, sobald die Leute hereinkommen. Erklären Sie, was gebastelt wurde.

### *Liedvorschläge*

Wenn das rote Meer grüne Welle hat / Du hast uns, Herr, gerufen / When Israel was in Egypt's Land / Fürchte dich nicht / Gottes Liebe ist so wunderbar (Rock, my soul)

### *Biblische Geschichte und Auslegung*

Fordern Sie alle Teilnehmer auf, aufzustehen und mitzumachen. Die Handlung entwickelt sich Schritt für Schritt. Die beiden Stoffbahnen sind das Meer. Heben Sie sie auf, um die beiden Wassermauern darzustellen. Eine Person könnte Mose darstellen, eine andere den Pharao und ein paar die Ägypter.

Es ging uns jämmerlich. Wir waren Sklaven in Ägypten. Wir mussten Lehm und Stroh mischen und daraus in der sengenden Sonne Ziegelsteine brennen. Wenn wir nicht schnell genug arbeiteten, wurden wir von Pharaos Soldaten geschlagen. Wir riefen zu Gott um Hilfe:

*(Rufen Sie: «Herr, errette uns!»)*

Als die Zeit gekommen war, schickte Gott seinen Freund Mose, um uns zu erlösen. Mose ging zum Pharao und sagte: «Lass mein Volk ziehen.» Aber der Pharao sagte: «Nein.»

Mose sagte: «Wenn du mein Volk nicht ziehen lässt, werden schreckliche Dinge geschehen.» Aber Pharao sagte immer noch: «Nein.»

Dann widerfuhren den Ägyptern schreckliche Dinge. Das Wasser im Nil wurde zu Blut. Es kamen Frösche, Stechmücken und Fliegen.

*(Stellen Sie die Plagen dar.)*

Aber als Mose zum Pharao ging und sagte: «Lass mein Volk ziehen», sagte dieser immer noch: «Nein.»

Alle Tiere starben; es gab bösartige Geschwüre und Hagelstürme.

*(Stellen Sie die Plagen dar.)*

Aber als Mose zum Pharao ging und sagte: «Lass mein Volk ziehen», sagte dieser immer noch: «Nein.»

Dann kamen Heuschrecken, und es wurde ganz finster im Land.

*(Stellen Sie die Plagen dar.)*

Aber als Mose zum Pharao ging und sagte: «Lass mein Volk ziehen», sagte dieser immer noch: «Nein.»

Dann geschah das Allerschlimmste. Mose sagte, wir sollten uns fertig machen. «Bereitet euch auf eine lange Reise vor. Ihr habt keine Zeit, euren Brotteig aufgehen zu lassen, darum backt euer Brot ohne Sauerteig. Schlachtet ein Lamm und streicht sein Blut auf die Türpfosten. Wenn dann der Todesengel kommt, wird er nicht zu euch hereinkommen, sondern an eurem Haus vorbeigehen, und ihr seid gerettet.»

*(Tun Sie, als würden Sie einen Türrahmen bemalen.)*

Wir taten, was Mose sagte, und Gott bewahrte uns. Aber die Ägypter nicht. In jedem Haus starb der älteste Sohn. Da sagte Pharao zu Mose: «Geht!»

Wir verließen Ägypten und kamen bis ans Ufer des Roten Meeres.

*(Tun Sie, als ob Sie gehen würden.)*

Aber Pharao überlegte es sich anders und verfolgte uns mit seinem Heer schneller Streitwagen.

*(Imitieren Sie einen Streitwagen.)*

Mose betete zu Gott und streckte seinen Stab über das Meer. Das Meer teilte sich, und wir gingen trockenen Fußes hindurch. Als wir alle auf der anderen Seite in Sicherheit waren, streckte Mose seinen Stab wieder aus, und die Ägypter, die hinter uns herjagten, wurden vom Wasser überflutet.

*(Ziehen Sie die beiden Stoffbahnen über die Ägypter.)*

Mit Gottes Hilfe waren wir endlich frei und sicher.

*(Tun Sie, als würden Sie ein Fest feiern.)*

## Gemeinsames Gebet

Jeder schreibt oder malt etwas auf sein Papier, was ihm oder ihr Sorge oder Angst macht und was sie zu Gott bringen und ihm anbefehlen wollen. Die Zettel werden in die Lücke zwischen den beiden Stoffbahnen gelegt. Wenn alle fertig sind, ziehen Sie den Stoff über die Papierzettel.

## Schlussgebet

*Danke, Herr, dass du uns von den Dingen befreien willst, die uns Sorge oder Angst bereiten. Wir bitten dich, hilf uns, nie zu vergessen, dass du stärker bist als jede dieser Ängste und Sorgen. Amen.*

## Ü-Segen

**Die Gnade unseres Herrn Jesus Christus**
*(strecken Sie die Hände aus, als wollten Sie ein Geschenk empfangen)*

**und die Liebe Gottes**
*(legen Sie die Hände aufs Herz)*

**und die Gemeinschaft des Heiligen Geistes**
*(fassen Sie Ihre Nachbarn an den Händen)*

**sei mit uns allen, jetzt und für alle Zeit. Amen!**
*(Heben Sie beim Wort «Amen» miteinander die Hände in die Höhe.)*

# Thema 4
# Josua

## Das Ziel

Freude an der Geschichte von Josua und der Eroberung von Jericho und Beschäftigung mit dem Thema: «Für Gott ist nichts unmöglich.»

## Der biblische Hintergrund (Josua 6)

Die Israeliten waren kurz vor dem Eintritt ins Gelobte Land und mussten Jericho erobern, eine stark befestigte Stadt. Das schien unmöglich, aber mit Gottes Hilfe überwanden sie das Hindernis. Gott kann uns bei scheinbar unüberwindlichen Problemen in unserem Leben helfen, wenn wir ihm gehorchen und bereit sind, alles zu tun, was er uns befiehlt – egal, wie seltsam es uns vorkommen mag.

### DAS ESSEN

*Würstchen und Kartoffelbrei mit Erbsen oder Bohnen*

Stellen Sie das Gemüse in Schüsseln auf die Tische; Würstchen und Kartoffelbrei werden aus der Küche serviert. Gehen Sie mit einer Ketchup-Flasche herum, oder legen Sie Senftuben hin. Für Vegetarier können Sie als Alternative vegetarische Würstchen anbieten.

### DIE KREATIVSTATIONEN

*Strukturbilder*

Sie brauchen: ein einfaches Bild von einer befestigten Stadt, am besten in Israel, groben und feinen Sand und kleine Kieselsteine, Bastelleim

Das Bild auf dickeren Karton oder ein dünnes Brett kopieren. Die verschiedenen Bereiche mit Leim bestreichen und mit dem Sand oder den Steinchen ausfüllen.

*Gesprächsthema*
Sprechen Sie darüber, wie fest Steine als Baumaterial sind.

## Graffiti-Wand

> **Sie brauchen:** A4-Bastelpapier in Orange, Buntstifte, Filzstifte, glatte Papiertischdecke von der Rolle (als Hintergrund), Bastelleim

Ein orangefarbenes A4-Blatt als Backstein gestalten und mit Namen und Mustern verzieren. Die fertigen Steine als Mauer auf die Tischdecke kleben. Alternativ auf das Hintergrundpapier eine Mauer malen und jeden mit Filzstift Graffiti daraufkritzeln lassen.

*Gesprächsthema*
Sprechen Sie darüber, wie Mauern aus Steinen und Ziegeln errichtet werden. Sehen Sie sich die unterschiedlichen Steinmuster von Wänden und Fußböden an.

## Blumengesteck

> **Sie brauchen:** Steckschwämme (Blumenladen), doppelseitiges Klebeband, Plastikunterteller, echte oder künstliche Blumen

Die Steckschwämme mit dem Klebeband in die Plastikunterteller (wie man sie unter Blumentöpfe stellt) kleben und ein Gesteck aus echten oder künstlichen Blumen kreieren.

*Gesprächsthema*
Sprechen Sie über das Gelobte Land – einen wunderbaren Ort, an den Gott sein Volk führen wollte. Bestimmt gab es dort überall Blumen.

---

**Sie brauchen:** Fertig-Fondant[1], Kaffeeextrakt oder braune Lebensmittelfarbe, Schokoladenstreusel und Puderzucker, Tortenschachteln

---

Den Fertig-Fondant mit etwas Kaffeeextrakt oder brauner Lebensmittelfarbe mischen. Schokoladenstreusel und Puderzucker als «Ziegelstaub» darüberstreuen. Unregelmäßige Steine daraus formen und zum nach Hause Mitnehmen in Tortenschachteln legen.

*Gesprächsthema*
Sprechen Sie darüber, wie jeder Stein auf dieser Welt sich von allen anderen Steinen unterscheidet. Gottes Schöpfung ist erstaunlich vielfältig. Steine in den Mund zu stecken, ist normalerweise keine gute Idee, aber diese hier sind essbar, da ist das erlaubt.

### Steine bemalen

---

**Sie brauchen:** Steine (aus dem Gartencenter), Acrylfarbe in verschiedenen Farben, Pinsel, Behälter mit sauberem Wasser, (eventuell) Klarlack

---

Die Steine mit Acrylfarbe bemalen. Nach Wunsch lackieren, obwohl es eventuell zu lange dauert, bis der Lack trocken ist.

*Gesprächsthema*
Sprechen Sie darüber, wie robust und dauerhaft Steine sind.

---

[1] Tipp: Fertig-Fondant, eine weiche Zuckermasse, gibt's im Internet auch in Eimern und anderen großen Gebinden zu akzeptablen Preisen.

---

## Musikinstrumente: Rasseln

> **Sie brauchen:** getrocknete Erbsen, Reis oder kleine Steine, Röhrchen, Schachteln oder Flaschen mit Deckel, buntes Klebeband, Krepppapier, Aufkleber und Geschenkband

Ein paar getrocknete Erbsen, Reis oder Steine in die Röhrchen, Schachteln oder Flaschen geben und die Deckel fest mit bunten Klebestreifen verschließen. Mit Krepppapierstreifen, Aufklebern und Geschenkband verzieren.

*Gesprächsthema*
Sprechen Sie über Musik und welche Gefühle sie in Ihnen wachruft.

## Musikinstrumente: Tamburine

> **Sie brauchen:** Kreise aus festem Karton, festes Band oder Bindfaden, kleine harte Gegenstände (siehe unten), Lochzange oder Zirkel

Mithilfe eines Esstellers aus dem festen Karton Kreise ausschneiden oder Plastik- oder Pappteller verwenden. Kleine harte Gegenstände, am besten aus Metall, auf festes Band oder Bindfaden aufziehen. Rund um den Kreis Löcher einstanzen und die Gegenstände daran aufhängen. Als Gegenstände eignen sich Garnspulen, Schrauben, Dichtungsringe oder Schraubverschlüsse von Flaschen, die bereits vorher mit Löchern versehen wurden. Mit Bändern dekorieren.

*Gesprächsthema*
Sprechen Sie über Geschichten, die mit Musik zu tun haben: biblische Geschichten wie die von Mirjam, die mit einem Tamburin vor dem Volk tanzte, nachdem sie durch das Rote Meer gezogen waren (2. Mose 15,19–21), und Märchen wie das von den Bremer Stadtmusikanten oder von der kleinen Meerjungfrau und ihren Liedern oder Filme wie *School of Rock*. Was ist Ihr Lieblingslied?

## Musikinstrumente: Hupen und Didgeridoos

> **Sie brauchen:** Papprollen (wie sie zum Beispiel in Geschenk-papierrollen sind), Acrylfarbe in verschiedenen Farben, billige Kazoos, Quietschen oder Tröten aus Plastik, lange Bänder, mittelschweren Karton, Klebeband

Die Pappröhren werden mit Mustern der Aborigines verziert (Farbtupfer oder kleine runde Aufkleber) und geben so ein Didgeridoo. Die Kazoos, Quietschen oder Tröten (gibt es im Supermarkt in der Abteilung für Partyzubehör) mit Bändern verzieren. Eventuell aus dem Karton Zylinder formen und als Megaphon verwenden. Bis zur Andacht konfiszieren, sonst haben Sie es sich für immer mit Ihren Helfern verdorben.

*Gesprächsthema*
Sprechen Sie über die Gewalt von Geräuschen, die z.B. in der richtigen Tonlage sogar Glas zum Splittern bringen, und wie Schallwellen den Luftdruck verändern. Gibt es Geräusche, die Ihren Ohren wehtun?

### Klangfarben

> **Sie brauchen:** Bilder von Musikinstrumenten und anderen Dingen, die Geräusche machen, Scheren, Papier, Bastelleim, Farbmusterhefte

Zur Vorbereitung Bilder von Musikinstrumenten und anderen Dingen, die Geräusche machen (Kinder, Erwachsene, die rufen oder lachen, Chöre, Waschmaschinen, Pop-Gruppen, Wecker usw.) aus Katalogen und Zeitschriften herausreißen. Die Bilder ausschneiden und auf ein Blatt Papier leimen. Im Farbmusterheft die Farbe heraussuchen, die zur «Klangfarbe» der ausgewählten Geräusche passt. Neben jedes Bild ein Stück Farbmuster kleben.

*Gesprächsthema*
Sprechen Sie darüber, welche Farbe ein Klang hätte, wenn Geräusche wirklich farbig wären. Wären Posaunen etwa gelb? Vogelgezwitscher grün? Und jemand, der mit uns schimpft, vielleicht rot?

**Sie brauchen:** kleine Holzstäbe oder dünne Kartonröhrchen, Streifen aus Krepppapier, Stoff- oder Geschenkband, Klebeband

Ein kurzes Holzstäbchen oder ein Kartonröhrchen nehmen und Streifen aus Krepppapier, Stoff- oder Geschenkband drankleben. Auch leichte Stoffstreifen sind sehr wirkungsvoll. Die Länge der Streifen richtet sich nach der Größe und Beweglichkeit der Person, die sie herstellt. Irgendetwas zwischen ein und zwei Metern funktioniert immer.

*Gesprächsthema*
Sprechen Sie darüber, dass wir Gott mit Bewegungen genauso anbeten und preisen können wie mit Worten.

## DIE ANDACHT

### Die Kirche oder den Gemeindesaal vorbereiten

**Sie brauchen:** leere Pappschachteln, (eventuell) PowerPoint mit Fotos der diversen Kreativangebote, Muster von jedem Kreativtisch

Vorn im Andachtsraum eine Mauer aus Schachteln aufbauen. Wenn Sie PowerPoint-Fotos zeigen, starten Sie den Beamer, sobald die Leute hereinkommen. Erklären, was gebastelt wurde.

### Liedvorschläge

Joshua fought the Battle of Jericho / Segne uns mit der Weite des Himmels / Mit meinem Gott kann ich Mauern überspringen (überwinden)

### Biblische Geschichte und Auslegung

Wenn die Zahl der Teilnehmer überschaubar ist, können diese Josua und sein Heer darstellen und durch die Kirche oder den Andachtsraum marschieren, während Sie diesen Teil der Geschichte erzählen.

Josua hatte ein echtes, riesiges Problem. Manchmal haben auch wir echte, riesengroße Probleme.

*(Bauen Sie aus den Pappschachteln eine Mauer.)*

Josuas Problem sah so aus: eine hohe, dicke Mauer um die Stadt Jericho. Irgendwie musste Josua in die Stadt kommen. Aber da war sein großes Problem: die Mauer! Er konnte nicht einfach darum herumgehen und von hinten kommen. Er konnte nicht darüberklettern. Er konnte auch nicht drunter durch. Und er konnte auch nicht durch die Mauer. Manchmal geht es uns mit unseren Problemen genauso.

Also betete Josua zu Gott, und Gott sagte ihm, er solle etwas ganz Seltsames machen. Er sagte Josua, er solle sechs Mal ganz still um die Mauer marschieren. Das machten Josua und sein Heer dann auch – sechs Mal gingen sie in absolutem Stillschweigen um die Mauer. Aber dann, beim siebten Mal, sagte Gott, sollten die Priester in ihre Posaunen blasen. Ich zähle jetzt also bis sechs, und dann, bei sieben, könnt ihr alle in die Instrumente blasen, die ihr vorhin gemacht habt, oder sie schütteln oder drücken und damit ordentlich Lärm machen.

*(Zählen Sie bis sechs, machen Sie eine kleine Pause und sagen dann: «Sieben!»)*

Und das Problem stürzte krachend vor Josua und seinem Heer zusammen!

Wenn es also aussieht, als gäbe es keinen Ausweg aus deinem Problem, dann bitte Gott um seine Hilfe, und vielleicht wirst du dann auch eine Riesenüberraschung erleben!

### Gemeinsames Gebet

*(Recken Sie die Hände so hoch, wie Sie können, als würden Sie vor einer ganz hohen Mauer stehen.)*

Herr, manchmal erscheinen uns unsere Probleme so massiv, dass wir uns nicht vorstellen können, wie wir sie lösen können.

*(Jetzt führen Sie die Hände in einer fließenden Bewegung bis zum Boden, als würde die Mauer einstürzen.)*

Hilf uns, unsere Probleme in deine Hände zu legen.

*(Strecken Sie die Hände wieder nach oben.)*

Wir wollen jeder einmal an ein richtig großes Problem denken, ein Problem von uns selbst oder von sonst irgendjemand.

*(Führen Sie die Hände wieder nach unten.)*

Danke, Herr, dass du alle unsere Probleme in deine Hände nimmst.

*Schlussgebet*

*Danke, Herr, dass du für deine Kinder auf der ganzen Welt und durch alle Zeiten hindurch sorgst. Hilf uns, uns auch umeinander zu kümmern und einander durch dick und dünn zu lieben. Amen.*

## Ü-Segen

**Die Gnade unseres Herrn Jesus Christus**
*(strecken Sie die Hände aus, als wollten Sie ein Geschenk empfangen)*

**und die Liebe Gottes**
*(legen Sie die Hände aufs Herz)*

**und die Gemeinschaft des Heiligen Geistes**
*(fassen Sie Ihre Nachbarn an den Händen)*

**sei mit uns allen, jetzt und für alle Zeit. Amen!**
*(Heben Sie beim Wort «Amen» miteinander die Hände in die Höhe.)*

# Themenvorschläge für den Herbst

## Die «Ich bin»-Worte Jesu (und Weihnachten)

# Thema 5
# Ich bin der wahre Weinstock

## Das Ziel

Erarbeiten, was Wein ist und was Jesus mit seinen Worten meinte. Entdecken, was Wachstum, Fruchtbarkeit und «nahe bei Jesus sein» konkret bedeutet.

## Der biblische Hintergrund (Johannes 15,1-11)

Kurz nach dem letzten Abendmahl und vor Gethsemane spricht Jesus mit seinen Jüngern davon, dass er der wahre Weinstock ist. Mit dem Bild will er seinen Freunden Mut machen, bei ihm zu bleiben, auch wenn es in der nächsten Zeit ziemlich schwierig für sie wird. Nahe bei Jesus zu bleiben, ihn zu lieben und zu tun, was er will, führt zu einem pulsierenden, fruchtbaren Leben. Dazu gehört auch, dass man korrigiert und von Zeit zu Zeit «beschnitten» wird, aber das ist Gottes Art, dafür zu sorgen, dass sowohl wir selbst als auch sein Reich wachsen und Frucht bringen können.

Für Kinder und Erwachsene, die mit der Bibel und ihren Bildern nicht so vertraut sind, sind verschiedene Dinge zu berücksichtigen:

- Nicht jeder hat schon einen Weinstock gesehen oder weiß, wie man ihn pflegen muss. Für Jesus und seine Freunde waren Weinstöcke so normal wie für uns Salatköpfe oder Äpfel. Wir kennen zwar Weintrauben, aber das Bild vom Weinstock ist für die meisten trotzdem fremd und irgendwie abgehoben.
- Das Bild vom Weinberg für das Volk Israel oder Gottes Reich, wie es sich durch die ganze Bibel hindurchzieht, ist den meisten unbekannt. Dadurch geht viel von der Wirkung, die Jesu Worte auf seine Zuhörer hatten, verloren.
- In einer Gesellschaft, in der das meiste wörtlich genommen wird, wirkt es ziemlich abartig, wenn jemand von sich sagt: «Ich bin eine Pflanze.»

- Der Gedanke an Korrektur (oder «beschnitten werden») kann leicht negativ wirken und das Bild von einem strengen Gott hervorrufen anstelle eines väterlichen Gärtners, der nur das Beste für seine Pflanzen will.

Die Betonung bei diesem Thema liegt für uns also auf *Fruchtbarkeit, Wachstum* und *Nähe*. Indem wir Früchte und Gemüse aus unserer Umgebung benutzen, versuchen wir etwas von der normalen Heiligkeit von Jesu Bild zurückzugewinnen. Es ist aber gut zu wissen, was ein Weinstock ist, weil er im Christentum wie im Judentum so oft als Bild gebraucht wird. Deshalb gibt es neben Äpfeln und Kartoffeln auch Weintrauben.

Manchen Leuten tut es gut, sich vor Augen zu halten, dass Leben Wachstum bedeutet. Anderen geht vielleicht auf, dass Christsein wirklich ein toller Lebensstil ist, da die liebenswerte, gesunde Seite des Menschseins gestärkt wird (Liebe, Freude, Friede, Geduld usw.). Das kann besonders für Eltern wichtig sein, die mit ansehen müssen, wie ihre Kinder in einer materialistischen, auf Eigennutz bedachten Welt aufwachsen.

Wir beschäftigen uns auch mit dem Gedanken, dass Jesus will, dass wir durch die Gemeinschaft mit anderen Christen und durch das Gespräch mit ihm selbst ganz nah bei ihm bleiben. (Ein Bibelkurs mag für Ü-Kirchen-Besucher unter Umständen noch eine Nummer zu groß sein, aber man kann vielleicht darauf hinweisen.) Das Thema passt gut zum Erntedankfest, und vielleicht möchten Sie einige der gebastelten Gegenstände als Dekoration für den Sonntagsgottesdienst verwenden.

## DAS ESSEN

### *Pellkartoffeln mit Salat und Beilage*

Stellen Sie Schüsseln und Platten mit Salat, Bohnen, Käse, Thunfisch und Butter in gleichmäßigen Abständen auf die Tische, damit die Leute sich selbst bedienen können. Die Kartoffeln aus der Küche hereinbringen.

Erklären Sie, für wie viele Tische die Schüsseln jeweils reichen sollen, und bitten Sie nach Möglichkeit verschiedene Personen, ihren Tischabschnitt zu überwachen.

## Weintrauben

**Sie brauchen:** Fertig-Fondant in Braun, Grün und Rot (evtl. selbst färben mit Lebensmittelfarbe), Ausstechförmchen in Form von (Wein-)Blättern, Pappteller

Aus dem braunen Fondant dünne Äste rollen. Aus dem grünen Fondant mit dem Förmchen Blätter ausstechen. Aus dem roten Fondant kleine Kugeln rollen und als Weintrauben anordnen. Einen Pappteller mit dem eigenen Namen beschriften und die Weintrauben darauflegen. Jeder Teilnehmer erhält eine bestimmte Menge Fondant zugeteilt, sonst ist der Vorrat nach fünf Minuten verschwunden.

*Gesprächsthema*
Unterhalten Sie sich darüber, wie Trauben im Weinberg wachsen. Vielleicht hat schon jemand einen Weinberg gesehen.

## Zuckertrauben

**Sie brauchen:** Weintrauben (gewaschen), Ei-Schnee, Kristallzucker, Pappteller

Die Trauben einzeln in den Ei-Schnee tauchen und in Zucker wälzen. Auf dem Pappteller trocknen lassen.

*Gesprächsthema*
Unterhalten Sie sich darüber, wie Trauben am Weinstock wachsen und dass man sie essen, aber auch Wein daraus machen kann.

## Apfelfischen

**Sie brauchen:** eine kleine Plastikwanne, kleine Äpfel mit Stielen (gewaschen), Handtücher und einen Schrubber

Die Plastikwanne mit Wasser füllen und kleine Äpfel darin schwimmen lassen. Die Teilnehmer versuchen, die Äpfel an den Stielen herauszufischen. Dabei dürfen sie nur das Kinn und die Zähne benutzen. Jeder darf den Apfel, den er gefischt hat, behalten. Handtuch und Schrubber bereithalten.

*Gesprächsthema*
Unterhalten Sie sich darüber, welches Obst und Gemüse es in Ihrem Land gibt und wo es wächst – an Bäumen, Büschen oder auf dem Boden.

### Einfache Armbänder knüpfen

**Sie brauchen:** Wollreste oder Stickgarn in verschiedenen Farben, Klebestreifen, Holzperlen

Aus dem Garn einfache Armbänder knüpfen. Dafür Fäden aus drei verschiedenen Farben zusammenflechten wie einen Zopf (beim Flechten mit Klebestreifen auf einer Unterlage befestigen). Mit einer Holzperle abschließen.

*Gesprächsthema*
Unterhalten Sie sich darüber, wie man die Fäden zusammenknüpft, damit sie ein festes Band geben, wie Menschen in Familien, Freundesgruppen und Gemeinde zusammengefügt werden und dass Gott sich freut, wenn wir ihm nahe sind.

### Traubentreten

**Sie brauchen:** eine alte Plastikwanne, billige Badeschwämme, rote Acrylfarbe, eine glatte Papiertischdecke von der Rolle, braune Filzstifte

Die Tischdecke ausrollen und mit braunem Filzstift eine lange Weinranke aufmalen. Die Schwämme in die Wanne legen, mit Wasser und Farbe füllen. Mit bloßen Füßen hineintreten und auf Zehenspitzen über die ausgerollte Tischdecke laufen. Die Fußabdrücke (vor allem die Zehen) sehen aus wie eine Weintraube.

Das Endprodukt für die Andacht im Andachtsraum oder Kirchenschiff auslegen.

*Gesprächsthema*
Wie man früher auf traditionelle Weise Weintrauben ausgepresst hat.

### Ernte-Impressionen

---

**Sie brauchen:** Steckschwamm, Klebeband (klar oder farbig), kleine Plastikunterteller, verschiedene Blätter und Beeren

---

Steckmasse auf einen Unterteller kleben. Mit Blättern und Beeren aus der Umgebung ein kleines Gesteck kreieren.

*Gesprächsthema*
Die vielen schönen Pflanzen, die in Gärten oder wild wachsen und wie Gott sie wachsen lässt, auch wenn sie keiner sieht. Er lässt auch Beeren und Nüsse als Nahrung für die Tiere wachsen. Er sorgt für seine Schöpfung.

### Kartoffeldruck

---

**Sie brauchen:** rohe Kartoffeln, Papier, Stoffreste oder billige Taschentücher (aus dem Supermarkt), Acrylfarbe oder Stofffarbe, alte Untertassen, Küchenpapier

---

Aus einigen Kartoffeln schon vorher geometrische Formen schneiden. Aus den anderen können größere Kinder und Erwachsene ihre eigenen Muster schneiden. In die Untertassen ein wenig Farbe geben und Papier oder Stoff bedrucken.

*Gesprächsthema*
Wie nützlich Kartoffeln sind, wo sie wachsen und wie die Menschen sie mögen – als Chips, Bratkartoffeln, Pommes frites usw.

---

## Gemüsefiguren

**Sie brauchen:** verschiedene Gemüsesorten, Cocktailspießchen, Wackelaugen, Moosgummi

Mit den Wackelaugen, Moosgummi und Cocktailspießchen aus dem Gemüse Figuren basteln.

*Gesprächsthema*
Gemüse und wie gut es für uns ist; seine schönen Farben und Formen und wie Gott dafür sorgt, dass wir Gutes zu essen haben.

## Weintrauben-Lesezeichen

**Sie brauchen:** Rechtecke aus mittelschwerem Karton, Klebepailletten, (eventuell) Laminiergerät

Auf ein Kartonrechteck einen einfachen Zweig malen und daneben schreiben: «Jesus sagt: Ich bin der wahre Weinstock.» Dann als Weintrauben die Pailletten aufkleben. Das Endprodukt eventuell laminieren.

*Gesprächsthema*
Wie eigenartig es klingt, wenn Jesus sagt: «Ich bin der wahre Weinstock», und was er wohl damit gemeint hat. Wuchsen ihm grüne Blätter aus den Ohren, oder hingen Weintrauben an seinen Fingern?

## Collage

**Sie brauchen:** Bögen aus mittelschwerem Karton, Buntpapierreste, Schablonen von Blättern, Trauben und Buchstaben, Stoffreste, Bastelleim, Filzstifte

Mithilfe der Schablonen aus Papier oder Stoff Blätter, Trauben und Buchstaben ausschneiden und daraus eine Collage für die Pinnwand kleben. In die Mitte die Worte setzen: «Jesus sagt: Ich bin der wahre Weinstock.» Außen eine Weinranke anbringen.

*Gesprächsthema*
Wie man am besten verschiedene Dinge zusammenklebt und welcher Leim die Menschen zusammenhält.

## DIE ANDACHT

### Die Kirche oder den Gemeindesaal vorbereiten

Dekorieren Sie den Andachtsraum mit folgenden Elementen:

- Wenn Sie Zweige (Reben) von echten Weinstöcken bekommen können, schlingen Sie sie um die Plätze. (Die Zweige welken schnell, also nicht zu früh im Voraus dekorieren.)
- Legen Sie das Bild vom Traubentreten auf den Boden im Eingangsbereich zum Andachtsraum.
- Befestigen Sie vorn ein Bild von einem Weinstock ohne Trauben auf einem festen Untergrund.

> **Sie brauchen außerdem:** (eventuell) PowerPoint mit Fotos der diversen Kreativangebote, Muster von jeder Kreativstation, einen trockenen Ast, Stifte, Zettel in der Form einer ganzen Weintraube (einen pro Person), Bild von einem Baum mit Früchten

Geben Sie allen beim Hereinkommen eine «Weintraube» aus Papier, auf die sie beim Beten schreiben können. (Sie können die Formen aus großen Klebe-Etiketten oder Post-its ausschneiden, damit sie an der Bildwand haften, oder Papiervorlagen verteilen, die dann auf ein flach liegendes Bild gelegt werden. Wenn Sie PowerPoint-Fotos zeigen, starten Sie den Beamer, sobald die Leute hereinkommen. Erklären Sie, was gebastelt wurde.

### Liedvorschläge

Du bist der Weinstock, wir sind die Reben / Der Weinstock (Unser Herr sagt uns in seinem Wort ...) / Unser Leben sei ein Fest

## Biblische Geschichte und Auslegung

Zeigen Sie einen abgebrochenen Ast und fragen Sie, ob daran wohl je wieder Äpfel wachsen werden. Warum nicht? Weil er tot ist – er ist nicht mehr mit dem Baum verbunden. Jesus hat gesagt: «Ich bin der Weinstock ... Bleibt fest mit mir verbunden, und ich werde ebenso mit euch verbunden bleiben.» Er möchte, dass wir ganz nahe bei ihm sind und beieinanderbleiben, damit unser Leben nicht tot und leer ist wie dieser Ast, sondern ganz viele Früchte trägt wie der Baum auf dem Bild hier. Wir können nahe bei Jesus bleiben, wenn wir in die Kirche kommen, um mit anderen Christen zusammen zu sein, wenn wir beten oder wenn wir die Bibel lesen.

### Gemeinsames Gebet

Schreibt oder malt auf eure Weintraube ein Gebet und kommt nach vorn und befestigt es hier an dem Gebetsweinstock. Das kann eine Bitte sein, ein Dank oder eine Entschuldigung.

### Schlussgebet

*Herr, wir danken dir, dass deine Kinder auf der ganzen Welt und durch alle Zeiten hindurch eine große Familie sind und dass wir zu deiner Familie gehören dürfen. Hilf uns, auch so zu leben und einander durch dick und dünn zu lieben. Amen.*

### Ü-Segen

**Die Gnade unseres Herrn Jesus Christus**
*(strecken Sie die Hände aus, als wollten Sie ein Geschenk empfangen)*

**und die Liebe Gottes**
*(legen Sie die Hände aufs Herz)*

**und die Gemeinschaft des Heiligen Geistes**
*(fassen Sie Ihre Nachbarn an den Händen)*

**sei mit uns allen, jetzt und für alle Zeit. Amen!**
*(Heben Sie beim Wort «Amen» miteinander die Hände in die Höhe.)*

# Thema 6
# Ich bin das Licht der Welt

## Das Ziel

Beschäftigung mit dem Thema Licht in einer dunklen Jahreszeit, und zwar mit dem Licht als solchem wie auch mit Licht als Symbol.

## Der biblische Hintergrund (Johannes 8,12)

Jesus hat sich selbst als Licht der Welt bezeichnet (Johannes 8,12), und Johannes greift das Thema in seinem Evangelium vom ersten Kapitel an auf. Das Bild vom Licht zieht sich durch die gesamte Bibel, angefangen von den ersten überlieferten Worten Gottes, als er sprach: «Licht soll entstehen!» (1. Mose 1,3). Das Bild zieht sich weiter über die Propheten, wie zum Beispiel Jesaja, der schreibt: «Das Volk, das im Finstern lebt, sieht ein großes Licht.» Und: «Steh auf ... und leuchte! Denn das Licht ist gekommen» (Jesaja 9,1 und 60,1). Oder man findet dieses Bild in den Evangelien, in denen Jesus als das Licht in Person auftritt, bis hin zu den Briefen, in denen Paulus die Philipper auffordert, zu «leuchten wie Sterne in der Nacht» (Philipper 2,15). Und schließlich findet man es in der Vision des Johannes, der einen neuen Himmel sieht, in dem man keine Lampen mehr braucht, weil Gott sein Licht ist (Offenbarung 22,5). Licht und Finsternis sind sowohl im unmittelbaren wie im übertragenen Sinne äußerst spannende Themen.

Das Thema kann speziell in Verbindung mit Weihnachten behandelt werden.

## DAS ESSEN

### Pizzabaguette und Knoblauchbrot

Salat in Schüsseln auf die Tische stellen. Pizza und Knoblauchbrot aus der Küche servieren.

## Lichterkarten

**Sie brauchen:** mittelschweren Karton, Buntstifte

Eine Karte in Form einer Kerze oder Glühlampe ausschneiden und daraufschreiben: «Möge in dieser dunklen Jahreszeit das Licht Jesu in dir leuchten.»

*Gesprächsthema*
Die unterschiedlichen Lichtquellen und für welche verschiedenen Zwecke sie am besten geeignet sind.

## Bunte Fenster

**Sie brauchen:** Rechtecke aus dunklem Karton, Seidenpapier in verschiedenen Farben, Bastelleim

Zur Vorbereitung aus unterschiedlich großen Rechtecken aus dunklem Karton verschiedene Formen ausschneiden, zum Beispiel Sterne, Kreuze, Monde, Kreise, Fische oder Kerzen. Auf die Rückseite der Karten über die Ausschnitte buntes Seidenpapier kleben. Eventuell verschiedene Farben dicht aneinanderkleben. An ein Fenster hängen.

*Gesprächsthema*
Wie Licht sich verändert, wenn es durch buntes Glas fällt.

## Laternen

**Sie brauchen:** buntes A4-Papier, Schere, Klebeband oder Bastelleim

Einen A4-Bogen Buntpapier längs zur Hälfte falten und an der gefalzten Linie im Abstand von zirka 1 cm bis kurz vor der anderen Kante einschneiden. Oben und unten je 5 cm Rand lassen. Das Papier aufklappen, an den schmalen Enden auf der Höhe des Knicks auseinanderziehen und zum Kreis schließen, so dass eine große Laterne entsteht mit einer Ausbuchtung in der Mitte. Die beiden Enden mit Klebestreifen oder Leim zusammenkleben. Oben aus Papier einen Henkel anbringen.

*Gesprächsthema*
Lichterfeste auf der ganzen Welt. Licht hat für viele Menschen und Religionen eine große symbolische Bedeutung. Welche Lichterfeste kennen wir? Was hat Jesus wohl gemeint, als er sagte: «Ich bin das Licht der Welt»?

### *Hüte*

**Sie brauchen:** leichten Karton, Glitzer, Pailletten, silberne Fähnchen, glänzendes Geschenkpapier, Tacker oder Klebeband

Aus Karton, Glitzer und anderem Dekomaterial einen Partyhut gestalten. Die einzelnen Elemente mit Heftklammern oder Klebestreifen befestigen.

*Gesprächsthema*
Menschen aus unserem Bekanntenkreis, die von innen heraus zu leuchten scheinen: frohe, lustige, friedliche oder gelassene Leute.

### *Spiralen*

**Sie brauchen:** holografischen Karton, Streifen aus Folie oder glänzendem Papier, Bastelleim, Baumwollfaden

Aus dem holografischen Karton eine Spirale schneiden. Streifen aus Folie oder glänzendem Papier daranhängen. An einem Ende der Spirale einen Faden anbringen und sie aufhängen, so dass sie sich dreht und funkelt und «das Licht fängt».

*Gesprächsthema*
Funkelnde Gegenstände, die «das Licht einfangen». Wie können wir das Licht fangen, so dass auch unser Leben leuchtet?

## Glitzersterne

**Sie brauchen:** mittelschweren Karton, Glitzer, Schere, Bastelleim, Satinband, Lochzange

Aus Karton Sterne schneiden und mit Glitzer dekorieren. In jeden Stern ein Loch stanzen und mit dem Satinband aufhängen.

*Gesprächsthema*
Wie das Licht sich bewegt. Staunen Sie über die Lichtwellen, die durch das Weltall ziehen, so dass wir einen Stern hier von der Erde aus erst viele Jahre, nachdem er entstanden ist, sehen können.

## Kristallgläser

**Sie brauchen:** Gläser mit Schraubdeckeln, klare Glasperlen (vom Bastelbedarf), Baumwollfaden, Klebestreifen

Eine große «Kristall»-Perle auf einen kurzen Faden ziehen. Das andere Ende des Fadens an die Innenseite des Deckels kleben und den Deckel zuschrauben, so dass die Perle im Glas baumelt.

*Gesprächsthema*
Wie Kristall das Licht reflektiert. Wie kann unser Leben auf verschiedene Weise Gottes Licht widerspiegeln?

## Knetmasse

Sie brauchen: Knetmasse

Mit der Knetmasse spielen.

*Gesprächsthema*
Welchen Spaß es macht, etwas zu erschaffen, und wie wir dabei etwas von Gottes Wesen widerspiegeln, der ständig Dinge erschafft.

## Kerzenlicht

**Sie brauchen:** eine große flache Schüssel, Wasser, verschiedene Spiegel, Schwimmkerzen, Streichhölzer oder Stabkerzen

Kleinere Kinder können unter Aufsicht der Erwachsenen mithilfe einer Stabkerze Schwimmkerzen anzünden und in die Wasserschüssel legen lassen. Ältere Teilnehmer nehmen vielleicht lieber ein Streichholz. Die Schüssel auf einen Spiegel stellen, andere Spiegel rundherum aufstellen und sich am Widerschein freuen. Kleine Taschenspiegel verteilen und damit experimentieren. Darüber staunen, wie sich das Licht ins Unendliche reflektiert. Noch schöner ist das Ganze mit Duftkerzen.

*Gesprächsthema*
Reflexionen. Wie gibt ein Spiegel unser Gesicht zurück? Wie spiegeln wir Gott wider?

### Kerzen zum Mitnehmen

**Sie brauchen:** Gläser, Glasfarbe, Teelichter, Streichhölzer oder Stabkerzen

Gläser mit Glasfarbe bemalen und ein Teelicht hineinstellen.

*Gesprächsthema*
Wie wir das Licht von Jesus überallhin mitnehmen können, selbst an die dunkelsten Orte.

## DIE ANDACHT

### Die Kirche oder den Gemeindesaal vorbereiten

**Sie brauchen:** verschiedene Lampen und Lichter (siehe unten), (eventuell) PowerPoint mit Fotos der diversen Kreativangebote, Muster von jeder Kreativstation

Den Andachtsraum mit verschiedenen Lampen und Lichtern dekorieren: Lampen, Kerzen, Bilder von Autoscheinwerfern, Kamera-Blitzlichter, Leuchttürme, Taschenlampen usw. Wenn Sie PowerPoint-Fotos zeigen, starten Sie den Beamer, sobald die Leute hereinkommen. Erklären Sie, was gebastelt wurde.

### Liedvorschläge

Herr, das Licht deiner Liebe leuchtet auf / Du bist das Licht der Welt / Licht dieser Welt / Wie auf dunklem Weg ein Licht / Dein Wort ist ein Licht auf meinem Weg

### Biblische Geschichte und Auslegung

Wer war schon einmal im Dunkeln? Wie war das? Beängstigend? Lustig? Friedlich? Gefährlich?

Stellt euch einmal eine Stadt vor, in der alle Lichter ausgeschaltet sind. Die ganze Stadt liegt im Dunkeln. Wie ist das, wenn man versucht, ohne jede Beleuchtung den Bürgersteig entlangzugehen? Ohne Licht Auto zu fahren? Nach Hause zu gehen? Oder Menschen wiederzufinden, nach denen man sucht?

Jesus war einmal bei Nacht zu einem besonderen Fest in Jerusalem. Weil es damals noch keine Straßenlampen gab, war es sehr dunkel – außer dass während des Festes im Tempel vier große Lampen angezündet wurden, die die ganze Stadt erleuchteten. Plötzlich konnten alle fast genauso viel sehen wie am Tag! Sie stießen sich nicht mehr an Hindernissen, sie konnten sehen, wohin sie gingen, und sie konnten die Menschen finden, die sie suchten. Jesus sah das Licht, das von den Lampen aus dem Tempel kam. Er sah, was für einen riesigen Unterschied es für die Stadt machte, und rief laut: «Ich bin das Licht der Welt!» Nicht nur für die Menschen in der Stadt Jerusalem, sondern für jeden auf der ganzen Welt.

Was meint ihr, wenn ihr die Lampen und Lichter hier vorn anseht, welches am ehesten ist wie Jesus? Die Kerze mit der zarten Flamme? Das Blitzlicht von der Kamera, das auf dem Foto alle Einzelheiten sichtbar werden lässt? Oder der Leuchtturm, der uns davor bewahrt, an einem Felsen zu zerschellen?

Wir wollen aus unseren Gedanken ein Gebet machen.

### Gemeinsames Gebet

Bitten Sie einige Personen, nach vorn zu kommen und eines der Lichter auszuwählen. Bei jeder Lichtquelle, die hochgehoben wird, beginnen Sie mit den Worten: «Herr Jesus, wir danken dir, dass du wie … (eine Taschenlampe) bist, weil …» Bitten Sie jemanden, den Satz zu beenden, oder greifen Sie Gedanken aus den Gesprächen auf. Beenden Sie jeden Satz mit einem gemeinsam gesprochenen «Amen».

### Schlussgebet

*Danke, Herr, dass dein Licht auf der ganzen Welt und durch alle Zeiten hindurch in deinen Kindern leuchtet. Hilf uns, als Licht zu scheinen und einander durch dick und dünn zu lieben. Amen.*

### Ü-Segen

**Die Gnade unseres Herrn Jesus Christus**
*(strecken Sie die Hände aus, als wollten Sie ein Geschenk empfangen)*

**und die Liebe Gottes**
*(legen Sie die Hände aufs Herz)*

**und die Gemeinschaft des Heiligen Geistes**
*(fassen Sie Ihre Nachbarn an den Händen)*

**sei mit uns allen, jetzt und für alle Zeit. Amen!**
*(Heben Sie beim Wort «Amen» miteinander die Hände in die Höhe.)*

# Ich bin der gute Hirte

## Das Ziel

Erkennen, dass Jesus uns genauso führt und leitet, wie ein Hirte sich um seine Schafe kümmert.

## Der biblische Hintergrund (Johannes 10,7–11)

In diesem Abschnitt gibt es zwei «Ich bin»-Worte, die eng miteinander zusammenhängen. Denn in Vers 7 sagt Jesus auch noch: «Ich bin die Tür, die zu den Schafen führt.» Selbst für Menschen, die noch nie ein Schaf oder einen Schafhirten gesehen haben, ist das Bild von jemandem, der ganz nah bei denen ist, die ihm anvertraut sind, sich aber doch von ihnen unterscheidet, sie verteidigt und beschützt und für sie sorgt, leicht verständlich und eindrucksvoll. Hesekiel schreibt von den schlechten Führern Israels, die wie böse Hirten sind, und davon, dass Gott eingreifen und als guter Hirte auftreten muss (Hesekiel 34). Die Worte Jesu bekommen dadurch eine interessante Dimension.

### DAS ESSEN

*Hirtenauflauf, Hüttenauflauf oder Gärtnerauflauf*

Dies ist ein Gericht ohne weitere Beilagen, das von der Küche aus serviert wird. Für alle, die eine vegetarische Variante bevorzugen, einen Gärtnerauflauf zubereiten.

## Schäfchen-Collage

> **Sie brauchen:** Zeichenpapier, Mal-Utensilien, Watte, Pinsel, Bastelleim, Behälter mit sauberem Wasser

Felder, Berge und Wasser malen. Aus Watte Schäfchen aufkleben. Künstlerisch Begabte malen vielleicht noch einen Hirten, der einen hungrigen Wolf abwehrt.

*Gesprächsthema*
Wo Schafe sich gern aufhalten.

## Wolle spinnen

> **Sie brauchen:** Jemanden, der vorführen kann, wie man Wolle spinnt

*Gesprächsthema*
Sprechen Sie darüber, wo die Wolle herkommt.

## Baumwoll-Schäfchen-Buttons

> **Sie brauchen:** aus schwarzem Papier ausgeschnittene Köpfe, Wackelaugen, Wattepads, Bastelleim, Sicherheitsnadeln, Klebestreifen

Auf die vorgeschnittenen Köpfe Wackelaugen aufkleben. Den Kopf auf ein rundes Wattepad leimen. Auf der Rückseite eine Sicherheitsnadel ankleben und als Brosche tragen.

*Gesprächsthema*
Wie Schafe einander alles nachmachen und fast nicht selbst denken. (Gott will diesbezüglich nicht, dass wir wie Schafe sind, sondern möchte, dass jeder Einzelne ihn persönlich kennen lernt.)

*Schäfchen-Kekse*

**Sie brauchen:** Kekse, weißen Zuckerguss, süße Spaghetti-Schnüre (oder aufgerollte Lakritz-Schnecken), Smarties

Die Kekse mit einem Klecks Zuckerguss, vier Stücken Spaghetti-Schnüre als Beine und einem Smartie als Kopf dekorieren. Ehrlich gesagt sieht das Ganze für den neutralen Beobachter nicht sehr nach Schaf aus, aber es schmeckt ziemlich gut.

*Gesprächsthema*
Sprechen Sie darüber, wie ein Hirte für seine Schafe genug zu fressen findet.

### Schafgehege bauen

**Sie brauchen:** verschiedenes Bastelmaterial, Klebeband oder Klebestreifen

Aus dem Bastelmaterial und jeder Menge Klebeband oder Klebestreifen ein Schafgehege zusammenbauen.

*Gesprächsthema*
Sprechen Sie darüber, wie ein Schafgehege die Tiere vor Gefahren von außen beschützt und wie ein guter Hirte vor dem Eingang zum Gehege schläft, damit die Wölfe als Erstes auf ihn stoßen, ehe sie überhaupt an die Schafe gelangen können.

### Namensschilder

**Sie brauchen:** A4-Blätter, bunte Sticker in verschiedenen Formen, Glitzer, Farben, Buntstifte und anderes

Jeder schreibt seinen Namen in großen Buchstaben auf ein A4-Blatt. Dabei nur die Konturen der einzelnen Buchstaben ziehen. Die Buchstaben mit Stickern oder Glitzer ausfüllen oder mit Farbe oder Buntstiften ausmalen.

*Gesprächsthema*
Sprechen Sie darüber, wie ein Hirte jedes seiner Schafe mit Namen kennt.

### Murmeln

> **Sie brauchen:** Murmeln, Acrylfarbe, glatte Papiertischdecke von der Rolle

Die Murmeln in der Farbe rollen und dann über die ausgebreitete Tapete rollen lassen, als wären sie Schafe, die umherirren und dabei ihre Spur hinterlassen.

*Gesprächsthema*
Sprechen Sie darüber, wie Schafe hier und da im Gras zupfen und sich dabei völlig gedankenlos, und ohne es eigentlich zu wollen, immer weiter von ihrem Hirten entfernen, bis sie ganz weit fort sind.

### Schaf-Figuren

> **Sie brauchen:** Papprollen (z. B. leere WC-Papierrollen), Watte, mittelschweren Karton, Strohhalme, Bastelleim

Aus einer Papprolle und ganz viel Watte ein Schaf formen. Auf ein rundes Stück Karton ein fröhliches Schafgesicht malen und an einem Ende der Rolle festkleben. Aus Strohhalmen oder gefalztem Karton eventuell Beine ankleben.

*Gesprächsthema*
Sprechen Sie darüber, was Schafe uns geben.

### Pompons

> **Sie brauchen:** mittelschweren Karton, Wolle, Schere

Aus dem Karton Kreise mit einem Loch in der Mitte ausschneiden. Zwei Kreise aufeinander legen und so lange mit Wolle umwickeln, bis kein

Faden mehr durch das Loch in der Mitte passt. Dann rundherum am äußeren Rand aufschneiden. Zwischen den beiden Kartonscheiben einen Faden ganz fest um die Wolle in der Mitte ziehen und gut verknoten. Dann die Pappscheiben wegschneiden und die Wolle zu einem fast runden Pompon zurechtzupfen.

*Gesprächsthema*
Sprechen Sie darüber, wofür wir Wolle überall brauchen.

## *Taschenpsalm*

**Sie brauchen:** leere Streichholzschachteln, A4-Papier in Weiß, Blau und Dunkelbraun, mittelschweren Karton in Weiß, Schwarz und Braun, grüne Buntstifte, angebrannte Streichhölzer, Schere, Bastelleim, Psalm 23 auf kleine Blätter gedruckt

Eine Streichholzschachtel mit weißem Papier bekleben. Auf die Oberseite ein Stück blaues Papier kleben, auf die Unterseite dunkelbraunes. Die Innenschachtel grün anmalen. Aus weißem oder schwarzem Karton eines oder mehrere kleine Schafe ausschneiden und so in der Mitte falten, dass sie stehen können. Aus braunem Karton einen kleinen Hirtenstab schneiden. Mit vier Streichhölzern das Schafgehege bilden.

Mit diesen «Requisiten» eine Geschichte über den Hirten erzählen, der seine Schafe aus dem Gehege zu grünen Weiden (die Innenschachtel), zu frischem Wasser (blau), in dunkle Täler (die braune Unterseite) und sicher auf die andere Seite führt. Für ältere Teilnehmer auf einem kleinen Stück Papier Psalm 23 ausdrucken, so dass sie ihn mit den Schafen, dem Gehege und dem Stab in die Streichholzschachtel stecken können.

*Gesprächsthema*
Sprechen Sie darüber, wie der Hirte sich um die Schafe kümmert und überall mit ihnen hingeht. David war Schafhirte, bevor er König wurde, und hat diesen berühmten Psalm über einen Hirten geschrieben.

### *Die Kirche oder den Gemeindesaal vorbereiten*

> **Sie brauchen:** einen Hirtenstab, (eventuell) PowerPoint mit Fotos der diversen Kreativangebote, Muster von jeder Kreativstation

Im vorderen Teil im Quadrat ein paar Stühle aufstellen, die ein Schafgehege bilden. Wenn Sie PowerPoint-Fotos zeigen, starten Sie den Beamer, sobald die Leute hereinkommen. Erklären Sie, was gebastelt wurde.

### *Liedvorschläge*

Das wünsch ich sehr / Der Herr, mein Hirte / Weil ich Jesu Schäflein bin

### *Biblische Geschichte und Auslegung*

*(Fragen Sie:)* Hat es euch allen Spaß gemacht? Was habt ihr gemacht? Ach ja, ganz viele Dinge, die mit Schafen zu tun haben ...

Ich habe einen Hirtenstab mitgebracht. Ein Bischof trägt auch manchmal einen Stab. Was meint ihr, warum tut er das?

Jesus hat gesagt: «Ich bin der gute Hirte.» Wir alle sind seine Schafe. Macht einmal: «Mäh!» Jesus kümmert sich um uns, wie sich ein guter Hirte um seine Schafe kümmert.

Jesus kennt den Namen von jedem einzelnen seiner Schafe.

*(Rufen Sie einzelne Teilnehmer mit Namen. Sie antworten: «Mäh!» und kommen nach vorn.)*

Jesus achtet darauf, dass seine Schafe alles haben, was sie brauchen. Er führt uns zu den Stellen, an denen es das beste Gras gibt.

*(Führen Sie die Herde auf eine Seite des Raumes.)*

Er führt uns dorthin, wo es das frischeste Wasser zu trinken gibt.

*(Führen Sie sie auf die andere Seite.)*

Jesus sorgt dafür, dass seine Schafe sicher sind. Am Abend führt er uns in das Gehege, damit wir vor Gefahren sicher sind – besonders vor Wölfen.

*(Führen Sie die Teilnehmer in das Gehege, das Sie vorher aus Stühlen aufgestellt oder im Kreativteil gebastelt haben.)*

Jesus sagt: «Ich bin die Tür zu den Schafen.» Er legt sich vor dem Eingang hin, um uns vor dem Wolf zu schützen.

*(Legen Sie sich am Eingang zu dem Schafgehege auf den Boden.)*

Wenn der Wolf angreift, läuft Jesus nicht fort. Er trotzt der Gefahr und beschützt uns.

*(Stehen Sie auf und gehen mit dem Stab in Stellung, als wollten Sie die Herde verteidigen.)*

Wir wissen, dass Jesus wirklich für uns sorgt, weil er bereit war, am Kreuz für uns zu sterben. Er hat sein Leben gelassen für seine Herde. Jesus ist unser guter Hirte. Es ist wunderbar, sein Schaf zu sein. Wir wollen noch einmal rufen: «Mäh!»

### Gemeinsames Gebet

**Leiter:** Weil du unser guter Hirte bist, sagen wir …
**Alle:** Danke, Jesus.
**Leiter:** Weil du uns zur guten Weide führst, sagen wir …
**Alle:** Danke, Jesus.
**Leiter:** Weil du uns beschützt, sagen wir …
**Alle:** Danke, Jesus.
**Leiter:** Weil du uns vor dem Bösen bewahrst, sagen wir …
**Alle:** Danke, Jesus.
**Leiter:** Weil du für uns gestorben bist, sagen wir …
**Alle:** Danke, Jesus.
**Leiter:** Weil du für uns auferstanden bist, sagen wir …
**Alle:** Danke, Jesus.

### Schlussgebet

*Herr, wir danken dir, dass du deine Kinder auf der ganzen Welt und durch alle Zeiten hindurch liebst und bewahrst. Hilf uns, auch füreinander zu sorgen und einander durch dick und dünn zu lieben. Amen.*

### Ü-Segen

**Die Gnade unseres Herrn Jesus Christus**
*(strecken Sie die Hände aus, als wollten Sie ein Geschenk empfangen)*

**und die Liebe Gottes**
*(legen Sie die Hände aufs Herz)*

---

**und die Gemeinschaft des Heiligen Geistes**
*(fassen Sie Ihre Nachbarn an den Händen)*

**sei mit uns allen, jetzt und für alle Zeit. Amen!**
*(Heben Sie beim Wort «Amen» miteinander die Hände in die Höhe.)*

# Ü-Weihnachten

## Das Ziel

Freude wecken an den überraschenden Seiten von Weihnachten.

## Der biblische Hintergrund
## (Lukas 2,1–21; Matthäus 1,18–2,15)

Die Geburt von Jesus war mit vielen Überraschungen verbunden, deshalb passt es ganz gut, sie auch im Rahmen der Ü-Kirche zu feiern. Wir vergessen ziemlich schnell, dass es bei der ersten Weihnacht recht schmutzig war und auch nicht gut roch. Genauso leicht übersehen wir, dass das, was für uns heute eine nette, ordentliche Geschichte ist, sich in Wirklichkeit über mehrere Jahre und in verschiedenen Ländern abgespielt hat, angefangen von der Ankündigung der Geburt durch Gabriel bis hin zur Flucht nach Ägypten. Auch die Teilnehmer sind überraschend – vor allem die Hirten, aber auch die weisen Männer, die aus einem fernen Land angereist kamen. Die Geschichte zeigt uns, wie Gott mit Menschen arbeitet, die am Rande stehen, zum Beispiel Maria, ein junges Mädchen von Hintertupfingen. Ja, der Lobgesang von Maria (Lukas 1,46–55) erzählt uns etwas davon, wie Gott sich von den Reichen und Mächtigen abwendet und durch die demütigen, chaotischen Menschen am Rand der Gesellschaft wirkt.

### DAS ESSEN

### *Geflügeleintopf*

Brot auf die Tische stellen. Den Eintopf aus der Küche servieren.

### Geschenkpapier bedrucken

> **Sie brauchen:** große Papierbögen, Stempel mit Weihnachtsmotiven oder Motive aus Moosgummi, farbige Tinte oder Plakafarben

Mit den Stempeln oder Moosgummimotiven die Papierbögen mit Weihnachtsmotiven bedrucken, so dass man sie als Geschenkpapier verwenden kann.

*Gesprächsthema*
Sprechen Sie über den Besuch der Sterndeuter und die Geschenke, die sie Jesus brachten.

### Eistüten-Engel

> **Sie brauchen:** Waffeltüten, Zuckerguss in Weiß, Gelb und Braun, Silberkügelchen, goldene Papierdeckchen oder dünnen Karton, Pappteller, (eventuell) Spritztülle

Aus den Waffeltüten einen Engel gestalten: mit weißem Zuckerguss einen Mantel auftragen und einen Kopf bilden mit Silberkügelchen als Augen, gelbem oder braunem Guss als Haar und Flügeln aus einem goldenen Papierdeckchen oder zurechtgeschnittenem Karton. Den Engel auf einen Pappteller stellen und eventuell rundherum aus Zuckerguss eine Verzierung spritzen.

*Gesprächsthema*
Sprechen Sie über die Rolle, die Gottes Botschafter bei der Geburt Jesu spielten – Gabriel, der Maria und den Hirten die Nachricht brachte, und den Chor der Engel.

### Eselsdung

> **Sie brauchen:** Fertig-Fondant, Kakaopulver, Pappteller

Kakaopulver in den Fondant einarbeiten. Kleine runde Häufchen daraus formen und auf mit Namen versehene Pappteller legen.

*Gesprächsthema*
Sprechen Sie über die beschwerliche Reise und den schmutzigen Stall. (Maria saß vielleicht auf einem Esel, da es von Nazareth nach Bethlehem über 100 Kilometer sind.)

### *Geschenkkästchen*

> **Sie brauchen:** mittelschweren Karton, Weihnachtsaufkleber, eingewickelte Süßigkeiten, Schere, Lineal, Bastelleim, Bleistifte oder Filzschreiber

Aus dem Karton eine kleine Schachtel falten und zusammenkleben, mit Weihnachtsaufklebern verzieren. Eine Süßigkeit hineinlegen und auf einen Anhänger den Namen der Person schreiben, der man die Schachtel schenken will.

*Gesprächsthema*
Sprechen Sie über die Geschenke, die wir anderen machen, und die Geschenke, die wir von Gott bekommen haben.

### *Weihnachtsschmuck zum Aufhängen*

> **Sie brauchen:** goldenen oder silbernen Karton, Glitzer, Bastelleim, Lochzange, Satinband

Aus dem Karton Schneeflocken ausschneiden. Mit Leim bestreichen und mit Glitzer bestreuen. Ein Loch einstanzen und ein Stückchen Satinband durchziehen.

*Gesprächsthema*
Sprechen Sie über die Feiertage im Verlauf des Kirchenjahres und wie wir aus der Geburt Jesu ein ganz besonderes Ereignis machen, indem wir unsere Häuser und Weihnachtsbäume schmücken, damit alles fröhlich und festlich aussieht.

### Kerzenhalter

**Sie brauchen:** kleine Stückchen Steckmasse, Blumenuntersetzer aus Plastik, kleine Kerzen, Stechpalmenblätter, Beeren und Efeu

Die Steckmasse auf die Blumenuntersetzer kleben. Eine kleine Kerze hineinstecken und mit Blättern und Beeren verzieren.

*Gesprächsthema*
Sprechen Sie darüber, dass Jesus als Licht für die Welt gekommen ist, um das Dunkle hell zu machen.

### Weihnachtskarten

**Sie brauchen:** mittelschweren Karton, Collage-Material, Buntstifte oder bunte Filzschreiber, Glitzer, Bastelleim, Lineal, Schere

Für Familienmitglieder oder jemanden aus der Gemeinde eine Weihnachtskarte basteln. Vorlagen und Anregungen gibt es in Bastelheften oder im Internet.

### Als Gesprächsthema

Sprechen Sie darüber, was für eine gute Gelegenheit Weihnachten ist, um sich daran zu erinnern, dass Familie und Freunde etwas ganz Besonderes sind, weil auch Jesus nicht durch irgendeinen Zauber auf die Welt kam – sondern in eine Familie hineingeboren wurde.

### Weihnachtskarten-Collage

**Sie brauchen:** alte Weihnachtskarten, glatte Papiertischdecke von der Rolle, Schere, Bastelleim

Einen Stapel Weihnachtskarten vom letzten Jahr mitbringen. Die Kinder auffordern, daraus Bilder auszuschneiden, die mit der biblischen Weihnachtsgeschichte zu tun haben. Die Bilder nach Themengruppen auf ein

Stück aufgehängte Tischdecke aufkleben: der Engel und Maria, die Reise nach Bethlehem, der Geburtsort, die Hirten, die Weisen und der Stern usw.

*Gesprächsthema*
Sprechen Sie über die Weihnachtsgeschichte und mit wie vielen Elementen, die gar nicht in der Bibel stehen, sie im Lauf der Jahre ausgeschmückt wurde – Weihnachtsmännern, Schneemännern, Tannen usw.

### Heu und Stroh

> **Sie brauchen:** Papier, Bastelleim, sauberes Stroh, Heu und Zweige, grobe Haferflocken

Eine grobe Skizze der Weihnachtsgeschichte aufmalen. Die verschiedenen Bereiche mit Leim bestreichen und Heu, Stroh, Zweige und Hafer daraufstreuen, um zu illustrieren, wie es an dem Ort, an dem Jesus geboren wurde, vielleicht aussah.

*Gesprächsthema*
Sprechen Sie über die sauberen Krankenhäuser, in denen Babys heute zur Welt kommen, und wie schmutzig es vermutlich da war, wo Jesus geboren wurde.

### Babystress

> **Sie brauchen:** Echte Babys oder Babypuppen, Babyausrüstung (Fläschchen, Windeln, Babywanne usw.), Babykleider und Spielsachen

Eltern mit Babys bitten, ihre Babys mitzubringen und allen zu zeigen, wie man ein Baby wiegt, wickelt, füttert, badet, mit ihm spielt usw. Oder die Kinder bitten, ihr Puppen mitzubringen und allen zu zeigen, wie man sich mit einer Puppe als Modell um ein Baby kümmert.

*Gesprächsthema*
Sprechen Sie darüber, wie es ist, ein Baby aufzuziehen, und wie chaotisch das manchmal sein kann.

### Die Kirche oder den Gemeindesaal vorbereiten

> **Sie brauchen:** (eventuell) PowerPoint mit Fotos der diversen Kreativangebote, Muster von jedem Kreativtisch, Abfalleimer und volle Abfallsäcke, eine Krippe

Den Andachtsraum mit ein paar stinkenden Abfalleimern und vollen Abfallsäcken dekorieren. Davor eine Krippe aufstellen. Wenn Sie Power-Point-Fotos zeigen, starten Sie den Beamer, sobald die Leute hereinkommen. Erklären Sie, was gebastelt wurde.

### Liedvorschläge

Neben den altbekannten Weihnachtsliedern: Freue dich, Welt / Gott wurde arm für uns / In der Nacht von Bethlehem / Engel bringen frohe Kunde

### Biblische Geschichte und Auslegung

Ich wünsche euch allen stinkige Weihnachten! Nein, das ist nicht richtig – es muss heißen: «fröhliche» Weihnachten.

Wenn wir einmal darüber nachdenken, dann war die erste Weihnacht aber wirklich ziemlich stinkig. Im Gasthaus war kein Platz für Jesus, deshalb musste er in einen Futtertrog gelegt werden, in dem vermutlich vorher noch Reste von halb zerkautem Futter und schmutzigem Stroh waren. Auch im Stall selbst war es sicher dreckig und stank. Das ist nun mal so bei Tieren.

Und was war mit den Hirten? Sie waren nicht so sauber geschrubbt und hübsch wie die, die wir auf den Weihnachtskarten sehen. Echte Hirten waren verdreckt und verschmiert, sie müffelten (wo hätten sie auch ihre Socken waschen sollen?) und stanken nach nassen Schafen. Aber sie waren die Ersten, denen von Jesu Geburt erzählt wurde und die eingeladen wurden, den Retter der Welt zu besuchen.

Weihnachten ist schmutzig, weil Gott das so wollte. Jesus wurde von Gott zu uns in unsere schmutzige Welt geschickt, damit er uns aus unserem Schmutz herausholen und einen neuen Anfang schenken kann.

Maria und Josef und die Hirten waren ganz normale Menschen wie du und ich. Sie erinnern uns daran, dass Jesus für ganz normale schmutzige Menschen wie dich und mich geboren wurde. Und die Schafe erinnern uns daran, dass Jesus der von Gott gesandte Erlöser für die ganze schmutzige Welt ist.

### Gemeinsames Gebet

**Leiter:** Denkt einmal an jemanden, für den ihr Gott danken möchtet.
*(Pause.)*

**Leiter:** Wir wollen alle gemeinsam unseren Dank herausrufen: Danke, Vater, für …
*(Alle danken gemeinsam.)*

**Leiter:** Nun denkt an jemanden, der Gottes Hilfe braucht. *(Pause.)*

**Leiter:** Wir wollen unser Gebet gemeinsam flüstern: Bitte, Vater, hilf (jeder setzt die Namen ein, die ihm wichtig sind) …
*(Alle flüstern gemeinsam.)*

**Leiter:** Wir beten dies im Namen Jesu.

**Alle:** Amen!

### Schlussgebet

*Herr, wir danken dir für das Geschenk deines Sohnes Jesus. Hilf uns, diese Weihnachten füreinander zu sorgen und den Menschen, denen wir begegnen, deine Liebe zu zeigen. Amen.*

### Ü-Segen

**Die Gnade unseres Herrn Jesus Christus**
*(strecken Sie die Hände aus, als wollten Sie ein Geschenk empfangen)*

**und die Liebe Gottes**
*(legen Sie die Hände aufs Herz)*

**und die Gemeinschaft des Heiligen Geistes**
*(fassen Sie Ihre Nachbarn an den Händen)*

**sei mit uns allen, jetzt und für alle Zeit. Amen!**
*(Heben Sie beim Wort «Amen» miteinander die Hände in die Höhe.)*

# Themenvorschläge für das Frühjahr

Neues Leben
(mit Ostern und Pfingsten)

# Die Schöpfung

## Das Ziel

Aufzeigen, welche Überraschungen Gott schafft.

## Der biblische Hintergrund (1. Mose 1,1–2,4)

Der Schöpfungsbericht im ersten Buch der Bibel erinnert uns daran, dass Gott der Ursprung aller Dinge ist, auch von unserer eigenen Kreativität. Es ist gewinnbringend, sich mit dieser Geschichte zu beschäftigen und über sie zu staunen, da sie Gott als den zeigt, der die Welt, in der wir leben, erschaffen hat und ganz nah und unmittelbar in dieser Welt wirkt. Der Text zeigt uns auch, wer wir sind und wozu wir als seine Kinder da sind, nämlich um uns um diese Erde zu kümmern. Die Geschichte kann unter den verschiedensten Aspekten betrachtet werden. Wichtig ist, dass jeder Gelegenheit bekommt, über die erschaffene Welt um ihn herum zu staunen, und dass ihm die Augen aufgehen für das Wunder des Lebens.

### DAS ESSEN

#### Hotdogs und Salat

Die Schüsseln mit dem Salat auf die Tische stellen, so dass jeder sich bedienen kann. Die Hotdogs aus der Küche servieren. Für Vegetarier Tofuwürstchen anbieten.

### DIE KREATIVSTATIONEN

#### Urschlamm

**Sie brauchen:** Maismehl, Wasser, Rührschüssel, Küchenpapier

Aus Maismehl und Wasser eine matschige Mischung zusammenrühren. Erst ist sie flüssig, aber wenn man etwas davon in die Hand nimmt und drückt, wird es fest!

*Gesprächsthema*
Wie war es, bevor Gott die Welt erschuf, als es auf der Erde noch kein Leben gab? Vielleicht war auf dem ganzen Planeten nur Matsch und Schlamm.

### Schöpfungsszene

**Sie brauchen:** verschiedenes Bastelmaterial, glatte Papiertischdecke von der Rolle

Auf einem Stück Tischdecke zunächst in groben Umrissen Land, Meer und Himmel aufmalen. Jeder wählt sich seinen Lieblingsteil aus der Schöpfungsgeschichte und malt oder zeichnet ihn auf Papier oder schneidet etwas aus und klebt es an der richtigen Stelle auf den Hintergrund.

*Gesprächsthema*
Die verschiedenen Dinge, die Gott an den einzelnen Tagen erschaffen hat.

### Abfalltiere

**Sie brauchen:** Bastelmaterial und -reste

Aus dem Bastelmaterial einen originellen Baum, ein Tier, einen Fisch oder einen Vogel kreieren.

*Gesprächsthema*
Wie Gott alles aus dem Nichts erschaffen hat.

### Dankeschön-Karten

**Sie brauchen:** Fotos von der Welt, entweder aus dem Internet heruntergeladen oder aus Zeitschriften ausgeschnitten, mittelschweren Karton, Bastelmaterial, Bastelleim, Schere

Mit den Fotos eine Karte dekorieren und an jemanden schicken, den man gern daran erinnern möchte, wie schön die Welt ist und wie gut Gott für sie sorgt.

*Gesprächsthema*
Überlegen Sie gemeinsam, auf wie viele Arten man Gott für die Welt, die er für uns erschaffen hat, danken kann.

### Tag-Drei-Spieße

> **Sie brauchen:** verschiedene frische Früchte (siehe unten), hölzerne Schaschlikspieße

Nach Belieben Früchte auswählen und auf einen Holzspieß stecken: Trauben, Beeren, Apfel (mit Zitronensaft beträufeln), Orange, Melone, Ananas, Kiwi, Banane (in Zitronensaft). Größere Früchte vorher in Stücke schneiden.

*Gesprächsthema*
Die Vielfalt der Pflanzenwelt und wie wichtig Bäume und Pflanzen für ein ausgewogenes Klima sind.

### Essbares Paradies

> **Sie brauchen:** festen Karton, Backpapier, Alufolie, Cocktailspieße, Grapefruits, Trauben, Fruchtgummi-Mischung (siehe unten), andere Naschereien

Wir bauen ein essbares Paradies. Eine große Platte festen Karton mit sauberem Backpapier belegen. Darauf kommen Berge aus in Alufolie gewickelten Grapefruithälften. Auf die Berge werden «Bäume» gepflanzt. Dazu Trauben und grüne Fruchtgummis auf Spießchen stecken. Aus langen blauen Gummis Flüsse legen. Brausepulver oder brauner Zucker gibt die Wüste. Schokoladentiere und Gummibärchen bevölkern die Wälder. In den Flüssen können Goldfischli schwimmen. Lassen Sie sich einfach vom Angebot im Supermarkt inspirieren.

Sprechen Sie darüber, wie vollkommen die Welt am Anfang war. Wir haben hier gerade eine Welt gebaut, bei der uns das Wasser im Mund zusammenläuft, aber sie ist nichts im Vergleich dazu, wie fantastisch es im Garten Eden war.

## Papierfiguren

> **Sie brauchen:** glatte Papiertischdecke von der Rolle, Zeichenmaterial, Schere, Bücher über verschiedene Kulturen dieser Welt

Einen langen Papierstreifen ziehharmonikaartig falten. Auf die oberste Lage eine menschliche Figur zeichnen. Die Hände und Füße müssen auf jeden Fall bis an die Ränder reichen. Am Umriss entlang durch alle Lagen ausschneiden. Hände und Füße nicht durchschneiden. Die Menschenkette auseinanderziehen, Gesichter und Kleider aufmalen. Vielleicht möchten Sie Menschen verschiedener Hautfarbe malen und ihnen traditionelle Kleider aus verschiedenen Ländern anziehen. Halten Sie ein paar Bücher zum Nachschlagen bereit.

*Gesprächsthema*
Wie wunderbar und vielfältig und verschiedenartig Gott uns gemacht hat.

## Pfeifenreiniger-Krabbler

> **Sie brauchen:** Pfeifenreiniger, Wackelaugen, Bastelleim, (eventuell) Guinness-Buch der Rekorde

Basteln Sie Ihre eigenen Krabbeltiere aus Pfeifenreinigern. Zur Erinnerung: Insekten haben sechs Beine, einen Kopf, Oberkörper und Bauch. Die Augen mit Leim aufkleben.

*Gesprächsthema*
Die vielen Größen, die Tiere haben – von den ganz Kleinen bis zu den Großen. Beispiele finden Sie im Guinness-Buch der Rekorde.

## Cocktailbar

> **Sie brauchen:** verschiedene Fruchtsäfte (siehe unten), Limonade, Strohhalme, Cocktailschirmchen, Eiswürfel, Papierbecher

Stellen Sie verschiedene Fruchtsäfte auf (wenn möglich auch Kiwisaft. Mit anderen Säften gemixt wirkt sein Grün besonders eklig.). Mixen Sie daraus und mit den anderen Zutaten herrlich originelle Cocktails.

*Gesprächsthema*
Vitamine in den verschiedenen Früchten und eine gesunde, ausgewogene Ernährung.

## Erdballons

> **Sie brauchen:** blaue Luftballons, schwarze Marker, Gepäckanhänger, (eventuell) Gas zum Aufblasen

Mit schwarzem Marker auf die blauen, noch nicht aufgeblasenen Ballons die Umrisse der Kontinente malen. Die Ballons aufblasen, Gepäckanhänger daranbinden und dabei sagen: «Vorsicht, zerbrechlich!»

*Gesprächsthema*
Sprechen Sie darüber, wie verletzlich unsere Welt ist und wie wir auf sie Acht haben können.

## DIE ANDACHT

### Die Kirche oder den Gemeindesaal vorbereiten

> **Sie brauchen:** mehrere Globen, verschiedene Gegenstände aus der Natur (siehe unten), (eventuell) PowerPoint mit Fotos der diversen Kreativangebote, Muster von jeder Kreativstation

Im Andachtsraum so viele Globen aufstellen, wie Sie auftreiben können. Halten Sie fürs Gebet auch eine Auswahl interessanter Gegenstände aus der Natur bereit wie Federn, Äpfel, kleine Zweige, Steine, Versteinerungen, Wasserkrüge, Blätter, Muscheln usw. Wenn Sie PowerPoint-Fotos zeigen, starten Sie den Beamer, sobald die Leute hereinkommen. Erklären Sie, was gebastelt wurde.

Sagen Sie: «Wir hatten eine sehr kreative Zeit. Seht euch die Sachen an, die wir gemacht haben! Wir sind gern kreativ und erschaffen Dinge. Das ist nicht erstaunlich, denn wir wurden auch von einem sehr kreativen Gott erschaffen, der gern neue Dinge macht.»

### Liedvorschläge

Er hält die ganze Welt in seiner Hand / Du hast uns deine Welt geschenkt / Du bist der Schöpfer des Universums

### Biblische Geschichte und Auslegung

Die Bibel ist nicht nur ein Buch. Sie ist eine ganze Bibliothek. Das erste Buch der Bibel, das erste Buch Mose, hat auch einen lateinischen Namen, «Genesis». Das heißt «Ursprung». Es beginnt mit den Worten: «Am Anfang schuf Gott Himmel und Erde.»

Es erzählt die Geschichte von der Entstehung der Welt. Und es erzählt sie wirklich wie eine Geschichte, so dass wir sie uns gut merken und davon lernen können.

Am Anfang gab es nichts, absolut nichts ... außer Gott. Nichts war da – bis Gott begann, die Welt zu schaffen, den Himmel und die Erde.

Da sprach Gott: «Licht soll entstehen!», und es wurde hell.

Er trennte das Licht von der Dunkelheit.

Er nannte das Licht «Tag» und die Dunkelheit «Nacht».

Gott sah das Licht und sagte: «Es ist gut.» Das war der erste Tag.

Und Gott sagte: «Über der Erde soll ein großes blaues Gewölbe sein.»

Er trennte das Wasser auf der Erde von dem Wasser über der Erde und nannte das große blaue Gewölbe «Himmel».

Gott sah den Himmel, den er gemacht hatte, und sagte: «Es ist gut.» Das war der zweite Tag.

Dann befahl Gott, dass der Boden hervorkommen sollte. Er nannte das trockene Land «Erde» und das Wasser «Meer».

Und Gott sagte: «Auf der Erde sollen alle Arten von Pflanzen und Bäumen wachsen und Samen und Früchte tragen!» Und das ganze

Land wurde bedeckt von Gras und Pflanzen, Blumen und Bäumen in ihrer ganzen Vielfalt.

Gott sah alles und sagte: «Es ist gut.» Das war der dritte Tag.

Dann sagte Gott: «Am Himmel sollen zwei Lichter sein: die Sonne, die am Tag scheint, und der Mond für die Nacht. Sie sollen die Tage, Wochen, Monate und Jahre bestimmen.» Ach ja, und dann machte er auch noch die Sterne.

Gott sah sie alle und sagte: «Es ist gut.» Das war der vierte Tag.

Dann sagte Gott: «Im Wasser soll es von lebendigen Tieren wimmeln – allen möglichen Fischen und Aalen und Krabben und Walen. Und am Himmel sollen lauter Vögel fliegen ...»

Gott sah sie alle und sagte: «Es ist gut.» Und das war der fünfte Tag.

Dann befahl Gott, dass die Erde voller lebendiger Wesen sein sollte, in allen möglichen Formen und Größen – vom kleinen Käfer bis zum riesigen Dinosaurier. Tiere, die kriechen, klettern, laufen, sich dahinschlängeln, grunzen, quieken, pfeifen, brüllen und summen.

Dann sagte Gott: «Nun lasst uns Menschen machen. Ich möchte, dass sie so sind wie ich. Sie sollen sich um all die Lebewesen in meiner Welt kümmern.»

Und Gott schuf die Menschen, einen Mann und eine Frau. Er segnete uns und gab uns die Erde, damit wir auf ihr leben und auf sie Acht haben.

Gott sah alles an, was er gemacht hatte, und sagte: «Es ist sehr gut.» Das war der sechste Tag.

Gottes herrliche Schöpfung war vollendet. Deshalb ruhte er am siebten Tag.

Am siebten Tag war Zeit, sich an allem zu erfreuen, was Gott geschaffen hatte.

Und das ist die biblische Geschichte von der Entstehung der Welt.

Stellen Sie eine oder alle der folgenden Fragen an die verschiedenen Gruppen, Familien oder an alle zusammen:

- Welchen Teil dieser Geschichte habt ihr am liebsten?
- Welchen Teil findet ihr am rätselhaftesten?
- Was meint ihr, was Gott über den Teil der Welt empfindet, in dem ihr lebt?
- Was könnt ihr tun, um euch um Gottes Welt zu kümmern?
- Was wollen wir in ein gemeinsames Gebet hineinnehmen?

Geben Sie in die verschiedenen Gruppen aus Erwachsenen und Kindern je einen der Gegenstände aus der Natur, die Sie mitgebracht haben, und bitten Sie die Teilnehmer, ihren Gegenstand in der Gruppe herumzureichen. Jeder sagt, wenn er den Gegenstand in der Hand hält, Gott Danke für etwas, das ihm dazu einfällt – wie schön er ist, wie alt, wie nützlich oder speziell oder dass er ihn an etwas anderes erinnert.

### Schlussgebet

*Herr, wir danken dir für die Welt, die du uns geschenkt hast. Hilf uns, als eine Familie darauf zu leben und auf alles Acht zu haben, was du geschaffen hast. Amen.*

### Ü-Segen

**Die Gnade unseres Herrn Jesus Christus**
*(strecken Sie die Hände aus, als wollten Sie ein Geschenk empfangen)*

**und die Liebe Gottes**
*(legen Sie die Hände aufs Herz)*

**und die Gemeinschaft des Heiligen Geistes**
*(fassen Sie Ihre Nachbarn an den Händen)*

**sei mit uns allen, jetzt und für alle Zeit. Amen!**
*(Heben Sie beim Wort «Amen» miteinander die Hände in die Höhe.)*

# Ein neuer Anfang

## Das Ziel

Aufzeigen, wie Gott der Welt die Chance für einen Neuanfang gab.

## Der biblische Hintergrund (1. Mose 6,1–9,17)

Wir fragen nicht so sehr nach den Gründen für die Sintflut selbst, sondern konzentrieren uns vor allem auf Gottes Liebe für die Welt und den neuen Anfang, den er ihr nach der Geschichte mit Noah und der Flut geschenkt hat. Das passt gut zum Oberthema dieser Reihe (neues Leben) und zum eigentlichen Schwerpunkt dieser biblischen Geschichte, nämlich dass da ein Gott ist, der immer eine zweite Chance gibt und auch in den schwierigsten Situationen immer Grund zur Hoffnung bietet. Für unser persönliches Leben kann die Geschichte uns Mut machen, nie zu verzweifeln, sondern immer nach dem Weg zu suchen, der uns durch die Schwierigkeiten hin zur Wahrheit der Auferstehung führt.

### DAS ESSEN

*Fischstäbchen, Kartoffelschnitze und Erbsen*

Erbsengemüse auf die Tische stellen. Fischstäbchen und Kartoffeln aus der Küche auftragen, damit es keinen Streit um die Kartoffeln gibt.

### DIE KREATIVSTATIONEN

*Regenbogen-Flaschen*

**Sie brauchen:** kleine Perlen in Regenbogenfarben oder «Sand» in den sieben Farben des Regenbogens, hergestellt aus Salz und Farbpulver in den Regenbogenfarben (je 1 TL Farbe pro Kilo Salz), durchsichtige Plastikflaschen

Die bunten Perlen oder den gefärbten Sand schichtweise in die Plastikflaschen füllen. Zuunterst kommt Lila, zum Schluss Rot (lila, dunkelblau, blau, grün, gelb, orange, rot). Gut verschließen!

*Gesprächsthema*
Der Regenbogen als ein Zeichen für Gottes Versprechen, dass er nie wieder die ganze Erde überfluten wird.

### Tiermasken

> **Sie brauchen:** vorgeschnittene Masken in Tierform, Buntstifte oder Filzstifte, dünne Papprollen oder kleine Blumenstäbe, Klebeband

Jeder kann ein Tier bemalen. Die fertige Maske mit Klebeband an einer Papprolle oder einem dünnen Blumenstab festkleben, so dass man sie vors Gesicht halten kann.

*Gesprächsthema*
Sprechen Sie während des Bastelns über die herrliche Vielfalt von Tieren, die es auf unserer Erde gibt, und wie Gott jedes davon liebt.

### Valentinskarte mit Tieren

> **Sie brauchen:** Bilder von Tierpaaren (alte Ansichtskarten oder das Internet sind eine gute Quelle), mittelschweren Karton, Schere, Zeichenmaterial, Bastelleim

Mit den Bildern hübsche Tierkarten gestalten oder die Bilder als Vorlage nutzen und selbst etwas zeichnen. Je nachdem kann man die Karte als Valentinsgruß verschicken.

*Gesprächsthema*
Haustiere und wie gern wir Tiere haben.

## Riesenpuzzle von der Arche

> **Sie brauchen:** große Bögen von mittelschwerem Karton, Buntstifte oder Filzstifte, Schere, Darstellungen von Noahs Arche aus Büchern oder dem Internet

Auf einen großen Bogen Karton ein einfaches Bild von Noahs Arche zeichnen und in 16 Teile zerschneiden. Jeder Teilnehmer bekommt eines der Teile und bemalt es. Wenn alle Stücke bemalt sind, werden die Puzzleteile zu einem fertigen Bild zusammengelegt. Genug Puzzlevorlagen anfertigen, damit alle mitmachen können.

*Gesprächsthema*
Sprechen Sie darüber, wie Noah und seine Familie während der schrecklichen Flut in der Arche in Sicherheit waren.

### Essbare Arche

> **Sie brauchen:** Cocktailwürstchen (erwärmt und abgekühlt), Käsescheiben, Gurke, Cocktailspießchen, Pappteller

Auf einem Pappteller ein Boot bauen: Der Schiffsrumpf besteht aus einem kalten Cocktailwürstchen. Als Mast ein Cocktailspießchen hineinstecken, auf das eine Scheibe Käse als Segel gesteckt wurde. Aus einer Gurkenscheibe ein Dreieck schneiden und als Fähnchen oben am Mast anbringen. (Als Alternative vegetarische Würstchen bereithalten.)

*Gesprächsthema*
Unterhalten Sie sich darüber, was Noah und seine Familie wohl an Bord der Arche gegessen haben.

### Papierschiffchen

> **Sie brauchen:** A4-Blätter, Schere, Stifte, Cola-Gummis, eine alte Plastikwanne

Aus Papier ein Boot falten (siehe Anleitung auf Seite 203), einen Namen dafür überlegen und auf die Seite malen. Ein Cola-Gummi hineinlegen und in einer Plastikwanne schwimmen lassen.

*Gesprächsthema*
Sprechen Sie darüber, wie klein die Arche war im Vergleich zu der großen Flut.

### Tauben

> **Sie brauchen:** mittelschweren Karton, Schere, A4-Blätter, weiße Federn, Bastelleim

Nach der Vorlage aus Karton eine Taube ausschneiden (siehe Illustration auf Seite 204). In den Bauch einen Schlitz schneiden. Ein A4-Blatt wie einen Fächer zusammenfalten und durch den Schlitz schieben. Mit Federn dekorieren.

### Holzarbeiten

> **Sie brauchen:** aus Sperrholz zugesägte Boote, Sperrholzreste, Hammer, Nägel

Schon vorher Boote aus Sperrholz aussägen, etwa 2 cm dick, 10 cm lang und 6 cm breit. Nun ein Oberdeck für die Arche daraufnageln, bestehend aus einem 2 cm dicken und 4 x 4 cm großen Sperrholzrest.

*Gesprächsthema*
Sprechen Sie darüber, wie Noah sich als Zimmermann betätigen musste, um die Arche zu bauen, und dass auch Josef und Jesus Zimmerleute waren.

### Regenrohre

> **Sie brauchen:** feste Pappröhren, Styroporflocken, Perlen, getrocknete Erbsen oder Reis, Klebeband, Buntstifte oder Pinsel und Farben

Eine Pappröhre locker mit Styroporflocken stopfen (Verpackungsmaterial, das ähnlich aussieht wie Erdnussflips). Zwei Teelöffel voll Perlen, getrockneter Erbsen oder Reis hineinschütten. Das Ganze fest verschließen und von außen bemalen. Wenn man das Regenrohr umdreht, rutschen die Erbsen langsam durch die Flocken. Das hört sich an, als ob es regnet.

*Gesprächsthema*
Diskutieren Sie, wie sich der Regen vom Inneren der Arche aus angehört haben muss.

## *Wasserspiele*

> **Sie brauchen:** eine alte Plastikwanne, Wasser, Wasserspielzeug

Spielen Sie gemeinsam mit dem Wasserspielzeug.

*Gesprächsthema*
Sprechen Sie darüber, wie herrlich Wasser ist, wenn es sich am richtigen Ort befindet, und wie gefährlich es sein kann, wenn es zu viel davon gibt oder wenn es an den falschen Stellen ist.

## DIE ANDACHT

### *Die Kirche oder den Gemeindesaal vorbereiten*

> **Sie brauchen:** (eventuell) PowerPoint mit Fotos der diversen Kreativangebote, Muster von jeder Kreativstation

Bringen Sie die großen Puzzlebilder von der Arche mit in den Andachtsraum. Setzen Sie auf manche Plätze ein knuddeliges Plüschtier. Wenn Sie PowerPoint-Fotos zeigen, starten Sie den Beamer, sobald die Leute hereinkommen.

### *Liedvorschläge*

Regenbogenlied / Wir bringen Frieden für alle / Gott, dein guter Segen / Wenn du fröhlich bist, dann klatsche in die Hand

Erzählen Sie die Geschichte von Noah. Lassen Sie an den angegebenen Stellen die Teilnehmer Geräusche und Gebärden machen.

Vor langer, langer Zeit herrschte auf der Erde ein großes Durcheinander. Die Menschen hatten Gott vergessen. Und wenn Menschen Gott vergessen, dann vergessen sie auch, zueinander gut zu sein. Sie taten schreckliche Dinge. Sie LOGEN *(flüstern Sie Ihrem Nachbarn etwas zu)*, sie STAHLEN *(tun Sie so, als ob Sie Ihrem Nachbarn etwas aus der Tasche ziehen)* und sie MORDETEN *(tun Sie so, als wollten sie eine unsichtbare Person vor Ihnen erwürgen)*.

Gott war sehr traurig darüber, dass es in der Welt so zuging, und er beschloss, für Ordnung zu sorgen. Aber er hatte sie so lieb, dass er sie nicht völlig zerstören wollte. Deshalb schaute er sich um, ob es nicht wenigstens *einen* Menschen gab, der ihn liebte und der ihm helfen konnte, die Welt zu retten. Und er fand Noah.

Gott sprach zu Noah und sagte: «Noah, ich werde eine große Flut schicken, um auf der Erde aufzuräumen. Du musst ein großes Schiff aus Holz bauen. Wenn es fertig ist, musst du deine Familie und von jeder Tierart, allen Vögeln und allen Kriechtieren ein Pärchen an Bord bringen.»

Es war äußerst ungewöhnlich, so ein Riesenschiff zu bauen, aber Noah tat immer, was Gott gefiel. Deshalb machte er sich mit seiner Familie an die Arbeit. *(Fällen Sie große Bäume.)* Hau ruck, hau ruck! *(Sägen Sie Holz.)* Uuah-uuah! *(Schlagen Sie Nägel ein.)* Peng, autsch, peng, autsch!

Und als das große Schiff fertig war, brachte Noah von jeder Tierart ein Pärchen an Bord, von allen Vögeln und allem, was sonst so herumkriecht. Kleine Tiere, die quietschen *(iiih)*, fette und lustige *(Affengekreisch und Schweinegrunzen)* und ganz große, die Angst machen *(Gebrüll)*. Dann machte Gott die Tür zu. *(Hämmern Sie.)*

Wenn man sauber machen will, braucht man ganz viel Wasser. Deshalb schickte Gott den Regen. *(Klatschen Sie erst leise in die Hände, dann schneller und immer lauter.)* Dann machte er, dass das Wasser von unten aufsprudelte und sich über das ganze Land ergoss. Er trieb die Wolken von der ganzen Erde zusammen und ließ sie platzen wie Wasserbomben. Er zog alle Flüsse und Meere zusammen und schickte sie über das trockene Land. Er schippte den Schnee von den Berggipfeln und warf ihn vom Himmel herunter. Er schickte Schneestürme und Monsunregen und Wirbelstürme und Flutwellen – er schickte eine große Flut.

Das Schiff schaukelte mehr als ein halbes Jahr auf den Wellen – und wie das schaukelte. *(Halten Sie sich den Magen und schwanken Sie hin und her.)* Dann schickte Gott Wind und Sonne, damit sie die Erde trockneten wie Wäsche auf der Leine.

Das Schiff blieb schließlich auf einem hohen Berg liegen, der Ararat hieß. Als Gott die Flut getrocknet hatte, öffnete Noah die Tür, und sofort strömten die Tiere heraus – die großen, die Angst machen, die fetten und lustigen und die kleinen, die quietschen. Dann kam Noah mit seiner Familie, und plötzlich sahen sie über sich am Himmel ein Wunder! Ein Regenbogen leuchtete über der Erde wie ein Band, das um ein Geschenk gewickelt wird.

Und Gott sagte: «Der Regenbogen ist ein Zeichen für das Versprechen, das ich euch gebe, dass ich nie wieder eine Flut über die ganze Erde schicken werde. Solange die Erde steht, wird es immer Frühling und Erntezeit, Hitze und Kälte, Sommer und Winter, Tag und Nacht geben.»

Wenn wir einen Regenbogen sehen, können wir also daran denken, wie Gott der Erde durch einen einzelnen Menschen, der ihn liebte, einen neuen Anfang gab. Und wenn wir das nächste Mal zusammenkommen, um Ostern zu feiern, wollen wir uns damit beschäftigen, wie Gott uns noch einmal einen neuen Anfang möglich macht durch einen einzelnen Menschen, der ihn geliebt hat.

### Gemeinsames Gebet

*Sagen Sie:* Wir wollen uns einmal in den Farben des Regenbogens aufstellen. Wer etwas in Rot oder Rosa oder Orange anhat, kommt bitte hierher; Gelb und Grün hier und Blau und Lila hier drüben.

Rote Gruppe: Rot ist die Farbe der Gefahr. Denkt einmal an eine Sache oder an Menschen, die in Gefahr sind und Gottes Liebe brauchen.

Grüne und gelbe Gruppe: Dies sind die Farben des Wachstums. Denkt an ein Land, in dem die Liebe zu Gott wachsen sollte.

Blau: Blau kann eine traurige Farbe sein. Deshalb denkt an einen traurigen Menschen oder an Orte, die Gottes Liebe brauchen.

Wenn dir für deine Farbe niemand einfällt, dann denk auch an jemanden, der traurig ist.

Herr, wir bitten für alle, die in Gefahr sind. Bitte hilf …
*(Alle rufen gleichzeitig den Namen der angedachten Person.)*

Herr, wir bitten für alle, die deine Liebe brauchen. Lass deine Liebe wachsen in ...

*(Alle rufen gleichzeitig den Namen der angedachten Person.)*

Herr, wir bitten für alle, die traurig sind. Bitte sei du ganz nah bei ...

*(Alle rufen gleichzeitig den Namen der angedachten Person.)*

Gott des Regenbogens, wir danken dir für jeden Neubeginn, den du uns schenkst.

### Schlussgebet

*Herr, wir danken dir, dass deine Kinder auf der ganzen Welt und durch alle Zeiten hindurch eine große Familie sind und dass wir zu deiner Familie gehören dürfen. Hilf uns, auch so zu leben und einander durch dick und dünn zu lieben. Amen.*

### Ü-Segen

**Die Gnade unseres Herrn Jesus Christus**
*(strecken Sie die Hände aus, als wollten Sie ein Geschenk empfangen)*

**und die Liebe Gottes**
*(legen Sie die Hände aufs Herz)*

**und die Gemeinschaft des Heiligen Geistes**
*(fassen Sie Ihre Nachbarn an den Händen)*

**sei mit uns allen, jetzt und für alle Zeit. Amen!**
*(Heben Sie beim Wort «Amen» miteinander die Hände in die Höhe.)*

# Neues Leben in Jesus (Ostern)

## Das Ziel

Erkennen, wie Gott uns durch den Tod und die Auferstehung von Jesus die Chance für ein neues Leben schenkt.

## Der biblische Hintergrund
## (Lukas 22,1-20.29-54; 23,1-25.44-56; 24,1-12)

Es kann sein, dass dies der einzige Ostergottesdienst ist, den die Teilnehmer besuchen, deshalb müssen Sie die ganze Geschichte von Gründonnerstag, Karfreitag und Ostersonntag in eine kurze Andacht pressen. Mit der Ostergeschichte endet die Serie über das neue Leben mit dem endgültigen Beweis, dass Gott die Macht hat, aus dem Tod zum Leben zu erwecken. Ohne die Traurigkeit von Karfreitag wäre die Freude über Ostern allerdings nicht wahrhaftig. Auf den ersten Blick mag es scheinen, als würde die Verzweiflung von Karfreitag nicht ganz zu einer so fröhlichen Angelegenheit wie der Ü-Kirche passen. Aber ohne sie ist die Geschichte nicht vollständig. Wir müssen wissen, dass Jesus in den schlimmsten Zeiten genauso mit uns geht wie in den guten.

### DAS ESSEN

*Lammburger mit Pittabrot und Salat*

Stellen Sie auf einer Tischplatte die folgenden Zutaten auf als Symbol für das traditionelle Passahmahl:

- Meerrettichsoße (anstelle der Bitterkräuter)
- Salzwasser

- Charosset oder Apfelmus
- Lammkeule (gekocht)
- Matzen oder ungesäuertes Fladenbrot
- Roten Traubensaft oder roten Fruchtsaft
- eine große weiße Kerze

Lassen Sie bei jeder Frage ein Kind die erwähnte Zutat herumtragen, so dass jeder sie sehen und eventuell auch probieren kann. Zu Beginn der Mahlzeit zünden Sie die Kerze an. Verteilen Sie Kopien der Fragen und Antworten an Kinder und Erwachsene. Lesen Sie zu jeder Zutat die entsprechenden Fragen und Antworten.

**Frage 1:** Warum essen wir heute bittere Kräuter?

**Antwort 1:** Die bitteren Kräuter erinnern uns an die Bitterkeit der Sklaverei. Sie erinnern uns daran, dass Gottes Volk vor langer, langer Zeit in Ägypten in der Sklaverei lebte.

**Frage 2:** Warum gibt es heute Salzwasser zu trinken?

**Antwort 2:** Das Salzwasser erinnert uns an die Tränen, die Gottes Volk weinte, als es in der Sklaverei in Ägypten war.

**Frage 3:** Warum essen wir heute Charosset?

**Antwort 3:** Dieses Mus erinnert uns an den Lehm, aus dem Gottes Volk Ziegel backen musste, als es in der Sklaverei in Ägypten war.

**Frage 4:** Warum essen wir heute Lamm?

**Antwort 4:** Das Lamm erinnert uns an das Blut des Lammes, das die Häuser von Gottes Volk in Ägypten schützte, damit der Engel des Todes an ihnen vorbeiging und sie verschonte. Es erinnert uns auch daran, dass Jesus das Lamm Gottes ist, das am Karfreitag für uns starb, damit wir Gottes Freunde werden können.

**Frage 5:** Warum essen wir heute Fladenbrot?

**Antwort 5:** Das Brot erinnert uns daran, wie Gott sein Volk aus Ägypten rettete. Sie mussten das Land so schnell verlassen, dass keine Zeit mehr war, den Brotteig aufgehen zu lassen. Es erinnert uns auch daran, dass Jesus bei seinem Passahmahl das Brot nahm, dafür dankte, es seinen Freunden gab und sagte: «Nehmt, esst, dies ist mein Leib, der für euch gegeben wird. Das tut zu meinem Gedächtnis.»

**Frage 6:** Warum gibt es heute Traubensaft zu trinken?

**Antwort 6:** Der Traubensaft erinnert uns an Gottes Segen, als er sein Volk aus Ägypten rettete und in ein Land führte, das voller guter Dinge war. Er erinnert uns auch daran, dass Jesus den Kelch mit Wein nahm und zu seinen Freunden sagte: «Dies ist mein Blut, das für euch vergossen wird. Das tut zu meinem Gedächtnis.»

Zum Schluss sagt der Leiter: Wir essen heute diese Dinge, um uns daran zu erinnern, dass Gott sein Volk beim Passah und an Ostern erlöst hat und dass er uns heute noch führt. Wir wollen Gott gemeinsam dafür danken.

Lasst uns gemeinsam sagen: «Für Speis und Trank, fürs täglich Brot, wir danken dir, o Gott.»

## DIE KREATIVSTATIONEN

### *Eierleute*

> **Sie brauchen:** hartgekochte Eier, Eierbecher (aus Eierkartons geschnitten), Malsachen, Filzreste, Federn, Wackelaugen, Bastelleim

Die Eier bereits vorher hart kochen und abkühlen lassen. Bemalen und mit verschiedenen Sachen verzieren lassen.

*Gesprächsthema*
Das Ei als Symbol für neues Leben und für den Stein, der vom Grab weggerollt war.

### *Kelch*

> **Sie brauchen:** leere, saubere Joghurtbecher, Garnspulen (eine für je 2 Becher), Seidenpapier in Orange oder Gold, Bastelleim (mit Wasser verdünnt), Pinsel, Acrylfarbe in Gold oder Orange, kleine Plastiksteinchen oder Pailletten, Faden

Je einen Joghurtbecher mit dem Boden an beide Enden einer Garnspule kleben, so dass eine Art Pokal entsteht. Oranges oder goldenes Seidenpapier in Stückchen reißen, in den verdünnten Bastelleim tauchen und den Pokal damit rundum bekleben. Den Kelch mit Steinchen oder Pailletten verzieren. Faden in orange oder goldene Farbe tauchen und um den oberen und unteren Rand kleben, so dass das Ganze einen Metallic-Look erhält.

*Gesprächsthema*
Das letzte Abendmahl.

### Kreuze dekorieren

> **Sie brauchen:** mittelschweren Karton, Bastelmaterial, Bastelleim, Schere, Bilder von verschiedenen Kreuzformen (aus Büchern oder dem Internet)

Aus dem Karton verschiedene Kreuzformen ausschneiden und mit diversem Material verzieren.

*Gesprächsthema*
Sprechen Sie darüber, weshalb das Kreuz das wichtigste christliche Symbol ist.

### Kleiner Ostergarten

> **Sie brauchen:** Pappteller, Eierkartons, Gartenmaterial (Moos, Blumen, Kiesel und kleine Steinchen), Bastelleim

Aus Moos, Blumen, Kieseln und kleinen Steinchen auf einem Pappteller einen Miniaturgarten mit einem Gartengrab anlegen.

*Gesprächsthema*
Die Ereignisse von Gründonnerstag bis zum Ostermorgen.

## Großer Ostergarten

**Sie brauchen:** Unterlegplane oder großes Plastiktablett, Gras, Steine (aus dem Gartencenter), Holzstücke, Kies

Einen großen Ostergarten anlegen zum Aufstellen in der Kirche, Schule oder Bibliothek. Als Untergrund können Sie alles Mögliche verwenden, zum Beispiel ein großes Plastiktablett oder eine Unterlegplane. Mit Grasplatten oder künstlichem Rasen dekorieren, aus den Steinen ein Grab bauen, einen Hügel aufschütten und drei Kreuze daraufstellen. Ein kleiner Kiesweg führt durch die Szene.

*Gesprächsthema*
Die Trauer von Karfreitag und die Freude am Ostermorgen.

## Essbare Nester

**Sie brauchen:** zerkleinerte Cornflakes oder Frühstücksflocken, Kochschokolade, Muffinförmchen, kleine Zucker- oder Schokoladeneier

Die Schokolade schmelzen, die Flocken darunter mischen und in die Muffinförmchen füllen. In der Mitte eine Vertiefung lassen, so dass ein Nest entsteht. Drei oder vier kleine Schokoladen- oder Zuckereier in das Nest legen.

*Gesprächsthema*
Ostereier und neues Leben.

## Freistilbild

**Sie brauchen:** glatte Papiertischdecke von der Rolle, Zeichenmaterial

Jeder malt seine liebste Szene aus der Ostergeschichte auf ein großes Stück Tischdecke. Es spielt keine Rolle, wenn dabei lauter Kreuze oder 16 Marias herauskommen.

Sprechen Sie darüber, welcher Teil der Passions- und Ostergeschichte der wichtigste ist und welcher den meisten am besten gefällt.

### Palmkreuze

> **Sie brauchen:** A4-Papier, Stifte, Lineal, Schere, Klebeband

Aus Papierstreifen ein Palmkreuz stecken (siehe Anleitung auf Seite 205).

*Gesprächsthema*
Der Palmsonntag.

### Den Stein rollen

> **Sie brauchen:** Murmeln, Acrylfarbe in verschiedenen Farben, glatte Papiertischdecke von der Rolle

Die Murmeln in Farbe wälzen und dann über die Papierbahn rollen lassen, so dass ein Muster entsteht.

*Gesprächsthema*
Der weggerollte Stein vor Jesu Grab.

### Geldbörsen

> **Sie brauchen:** Filz, Stickgarn, Stopfnadeln, selbstklebenden Klettverschluss oder Knöpfe, Pailletten, Bastelleim, Schokoladen- oder Karamellmünzen

Aus einem Rechteck aus Filz eine Börse anfertigen. Dazu den Filz der Länge nach in drei Teile unterteilen. Das untere Drittel nach oben klappen und an beiden Seiten mit Stielstich zusammennähen. Das obere Drittel ist die Klappe und kann mit selbstklebenden Klettbandstücken oder Knopf und Knopfloch gesichert werden. Pailletten als Verzierung aufkleben oder aufnähen. In jede Börse eine essbare Münze stecken.

Sprechen Sie darüber, dass Jesus für dreißig Silberstücke verraten wurde.
Wie viel sind wir wert, und wie viel ist er wert?

## DIE ANDACHT

### Die Kirche oder den Gemeindesaal vorbereiten

> **Sie brauchen:** ein Kreuz, ein Modell oder ein Bild des leeren
> Grabs, Stifte, Post-its, ein Ei (für die Andacht), (eventuell) Po-
> werPoint mit Fotos der diversen Kreativangebote, Muster von je-
> der Kreativstation

Stellen Sie vorn im Andachtsraum ein Kreuz auf und ein Modell oder
ein Bild des leeren Grabes. Wenn Sie PowerPoint-Fotos zeigen, starten
Sie den Beamer, sobald die Leute hereinkommen. Geben Sie jedem beim
Hereinkommen einen Stift und zwei Post-it-Zettel.

### Liedvorschläge

Heut ist ein Tag, an dem ich singen kann / Komm, Herr, segne uns / Der
Herr ist auferstanden / Ja, heute feiern wir

### Biblische Geschichte und Auslegung

Manchmal haben wir im Leben wirklich Schweres durchzumachen. Es
gibt so Zeiten, in denen geht alles schief. Vielleicht werden wir von anderen unfair behandelt oder enttäuscht. Vielleicht geschieht etwas, das
uns sehr wehtut oder traurig macht. Manchmal kommt uns unser ganzes Leben so tot und leblos vor wie ein Stein. *(Halten Sie ein Ei hoch.)*

Die Ostergeschichte erzählt uns, dass manchmal zwar schreckliche
Dinge passieren, aber sie hört damit noch nicht auf. Jesus musste in
der letzten Woche seines Lebens Furchtbares erleiden. Die führenden
Persönlichkeiten von Jerusalem hatten sich gegen ihn verschworen.
Seine engsten Freunde verließen ihn. Er wurde für etwas bestraft, das
er gar nicht getan hatte, und musste auf furchtbare Weise sterben.
Dann wurde er in ein Grab gelegt, und davor wurde ein großer Stein
gerollt.

Aber ... ich frage mich, ob ihr es gemerkt habt. Was ich hier in der Hand halte, sieht zwar aus wie ein Stein, aber in Wirklichkeit ist es ein Ei. Ist ein Ei immer tot? Nein. Es sieht zwar tot aus – aber eines Tages kann es aufbrechen und ein kleines Küken kommt heraus. So ähnlich war es mit Jesus. Er war zwar tot und begraben, aber am Ostersonntag kam er zurück ins Leben. Er brach aus dem Grab hervor, wie ein Küken aus dem Ei kommt. Nach dem Schmerz und der Trauer gab es also eine viel größere Freude, als sich irgendjemand hätte vorstellen können. Jesus war wieder lebendig! Jetzt kann er für immer und ewig bei uns sein!

### Gemeinsames Gebet

Fordern Sie alle Teilnehmer auf, eines der beiden Post-its vorzunehmen und etwas darauf zu malen oder zu schreiben, was sie traurig macht und was sie Gott gern sagen wollen. Auf den zweiten Zettel lassen Sie etwas schreiben oder malen, was die Anwesenden froh macht und wofür sie Gott danken möchten. Kleben Sie die traurigen Zettel an das Kreuz und die fröhlichen an das leere Grab. Fassen Sie alle Gebete in einem kurzen Abschlussgebet zusammen.

### Schlussgebet

*Herr, wir danken dir, dass du uns so sehr liebst, dass du dein Leben gabst, um uns zu erlösen. Hilf uns, einander zu lieben und einen Neubeginn zu ermöglichen, wenn etwas schiefgelaufen ist. Amen.*

### Ü-Segen

**Die Gnade unseres Herrn Jesus Christus**
*(strecken Sie die Hände aus, als wollten Sie ein Geschenk empfangen)*

**und die Liebe Gottes**
*(legen Sie die Hände aufs Herz)*

**und die Gemeinschaft des Heiligen Geistes**
*(fassen Sie Ihre Nachbarn an den Händen)*

**sei mit uns allen, jetzt und für alle Zeit. Amen!**
*(Heben Sie beim Wort «Amen» miteinander die Hände in die Höhe.)*

## Thema 12
# Neues Leben im Geist (Pfingsten)

Dieses Thema kann auch separat behandelt werden, obwohl es gut in die Reihe über neues Leben passt. Wir haben unsere Geburtstagsfeier (ein Jahr Messy Church!) mit der Feier von Pfingsten verbunden, dem Geburtstag der Kirche.

## Das Ziel

Beschäftigung mit dem Thema Feiern und anhand der Symbole Wind und Feuer entdecken, wer der Heilige Geist ist.

## Der biblische Hintergrund (Apostelgeschichte 2,1–13)

Was die Jünger empfanden, als der Heilige Geist sie erfüllte, konnten sie nur mit den Bildern von Feuer und Wind beschreiben. Dazu kam noch das Reden in verschiedenen Sprachen und der Anfang der Gemeinde – weshalb das Ereignis von Pfingsten auch als Geburtstag der Kirche gilt.

Wir erleben hier, wie Jesus durch seinen Geist in Vollmacht wiederkommt, wie er es versprochen hatte, und die alten Hindernisse zwischen Mensch und Gott, die durch den Turmbau von Babel aufgerichtet wurden, wegräumt. Er macht aus dem gemütlichen Kreis der Jünger eine missionarische Gemeinschaft, die die Welt verändert. Er gibt ihnen Vertrauen, Mut und die Macht, durch Wort und Zeichen die Botschaft von seinem Reich zu verkünden, so wie er selbst es getan hat.

Wir konzentrieren uns darauf, durch die Symbole von Wind und Feuer den Heiligen Geist etwas besser verstehen zu lernen. Sie helfen uns, etwas von der unsichtbaren Macht zu begreifen, mit der Gott die Welt verändert. Auch der Aspekt des Feierns ist ganz stark vertreten – wir freuen uns darüber, dass wir so viele Jahre später denselben Geist empfangen können. Wir wollen deutlich machen, dass die Kirche dies mit einem Festtag begeht. Und wir wollen aufzeigen, dass häufig das Bild von einem großen Fest verwendet wird, wenn man versucht zu schildern, wie Gottes Reich aussieht.

Wenn Sie das Thema Geburtstag aufgreifen wollen, überlegen Sie, ob Sie jedem ein kleines Geschenk geben wollen, auch den Erwachsenen. In Ihrer christlichen Buchhandlung finden Sie Büchlein für Kinder. Für die Erwachsenen könnten Sie ein Teelichtglas und eine Duftkerze besorgen oder ein Notizheft oder ein Stück Seife und jeweils einen passenden Bibelvers dazu aussuchen. Ein Luftballon, ein Party-Knaller (für die Älteren) und der Kuchen, den sie selbst dekoriert haben (siehe unten) geben eine schöne Geschenktüte.

## DAS ESSEN

### Spaghetti mit Bolognese, Reibkäse und Erbsen

Soße, Erbsen und geriebenen Käse in Schüsseln auf die Tische verteilen. Die Nudeln in der Küche auf Teller schöpfen und an die Plätze bringen. Wenn Sie Soße, Erbsen und Nudeln tellerfertig aus der Küche servieren wollen, brauchen Sie Stunden.

## DIE KREATIVSTATIONEN

### Geburtstagskuchen

**Sie brauchen:** fertige Kuchen (siehe Muffin-Rezept auf Seite 65), Zuckerguss, Backdeko, Kerzenhalter und Geburtstagskerzen

Zuckerguss anrühren aus 150 g Puderzucker und 2½ EL Zitronensaft. Die Muffins damit überziehen, mit Schoko- oder Zuckerstreuseln oder anderen Dekorationen bestreuen. In jeden Muffin einen Kerzenhalter mit einer Geburtstagskerze stecken.

*Gesprächsthema*
Pfingsten als der Tag, an dem die Kirche ihren Geburtstag feiert, weil die Jünger an Pfingsten von Jesus den Heiligen Geist erhielten.

*Kerzenhalter*

> **Sie brauchen:** Steckmasse, saubere Plastikdeckel (z. B. von Frischkäsebechern), Seidenpapier, Klebeband, dünne Kerzen, künstliche Blumen, bunte Bänder

Die Deckel wenn nötig mit Seidenpapier umwickeln. Aus der Steckmasse Würfel schneiden und auf die Deckel kleben. Eine kleine Kerze in die Masse stecken. Den Würfel dann mit künstlichen Blumen und Bändern verzieren.

NB: Weisen Sie auf Brandgefahr hin und achten Sie darauf, dass die Dekorationen nicht zu hoch sind und kein Feuer fangen können, vor allem wenn Sie Geburtstagskuchen-Kerzen verwenden, die sich nach dem Ausblasen lustigerweise wieder selbst entzünden.

*Gesprächsthema*
Sprechen Sie darüber, dass die Jünger so etwas wie Feuerflammen über ihren Köpfen sahen – als Zeichen dafür, dass Gottes Geist auf ihnen war.

*Windräder*

> **Sie brauchen:** Papierquadrate (15 x 15 cm), eine Stecknadel mit buntem Köpfchen, eine kleine runde Perle, einen dünnen Holzstab (Blumen- oder Bambusstab)

Ein Windrad basteln als Symbol für das Wehen des Heiligen Geistes (Vorlage und Faltanleitung siehe Seite 206).

*Gesprächsthema*
Das Geräusch, das die Jünger hörten, als der Geist Gottes kam – wie ein brausender Wind.

*Windsäcke*

> **Sie brauchen:** Zellophan- oder Seidenpapier, Bastelleim, Pfeifenreiniger, Seidenpapier in Streifen, Faden

Aus Zellophan- oder Seidenpapier eine Art Trichter formen. Beide Enden mit Pfeifenreinigerdraht verstärken, das eine mit einem ganzen Pfeifenreiniger, das andere mit einem halben. Am schmaleren Ende Streifen aus Seidenpapier als Wimpel ankleben. Am breiten Ende drei Fäden befestigen, mit denen man den Windsack an einem Baum oder Pfosten aufhängen kann.

*Gesprächsthema*
Sprechen Sie darüber, wie man den Wind zwar nicht sehen kann, aber trotzdem weiß, dass er da ist, weil man sieht, wie er Bäume, Gras, Hüte und … Windsäcke in Bewegung versetzt!

### *Windspiel*

> **Sie brauchen:** kurze (hohle) Bambusstangen, Faden, festen Karton (12 cm Durchmesser mit einem Loch in der Mitte und fünf Einschnitten rund um den Rand), Klebeband

Durch fünf unterschiedlich lange Bambusstäbe in der Mitte je einen Faden hindurchziehen und unten mit Klebeband sichern. Die Fäden am oberen Ende gleichmäßig durch die fünf Schlitze der Pappscheibe ziehen und mit Klebeband befestigen. Einen weiteren Faden durch das mittlere Loch ziehen und das Windspiel an einer Stelle aufhängen, wo es etwas windig ist.

*Gesprächsthema*
Wie stark der Wind sein kann, auch wenn wir ihn nicht sehen.

### *Blasenmalerei*

> **Sie brauchen:** Strohhalme, Papiertischdecke von der Rolle, Plakafarbe

Mithilfe der Strohhalme Farbe auf das Papier blasen.

*Gesprächsthema*
Unser Atem, der ist wie ein Wind, und dass Gottes Geist wie sein Atem ist.

> **Sie brauchen:** gutes Schreibpapier, Schreibfedern, Tinte in verschiedenen Farben (auch Schwarz)

Ermuntern Sie die Teilnehmer, ihren eigenen Namen mit einer Schreibfeder zu schreiben und die Anfangsbuchstaben mit einem Bild oder Muster zu verzieren, das etwas über sie und ihre jeweiligen Interessen verrät.

*Gesprächsthema*
Sprechen Sie darüber, wie die Mönche im Mittelalter mit der Hand die Bibel abschrieben und dabei jede Seite so schön gestalteten, wie sie nur konnten.

## Deko-Kinderdrachen

> **Sie brauchen:** leichten Karton, Dekomaterial, Faden, Seidenpapier in Streifen

Aus dem Karton Drachen ausschneiden, Querstreben einzeichnen, mit Smileys oder anderen Stickern bekleben und an der unteren Spitze einen Faden anbringen, in den Schleifen aus Seidenpapier eingeknüpft werden. Die Drachen, die nicht mit nach Hause genommen werden, als Dekoration für den nächsten Vorschlag, «bunte Sprachen», verwenden.

*Gesprächsthema*
Sprechen Sie darüber, wie interessant ein windiger Tag sein kann und wie schön es ist, Drachen steigen zu lassen.

## Bunte Sprachen

> **Sie brauchen:** A4-Blätter, Schreib- und Mal-Utensilien, bunte Sticker, Papier von der Rolle, Bastelleim

In verschiedenen Sprachen «Lobt Gott» in Umrissen in großen Buchstaben auf die A4-Blätter schreiben. (Zu finden z. B. auf www.barnabasinchurches.org.uk unter «Ideas» und dort unter «Pentecost».) Andere Teilnehmer können die Buchstaben ausmalen oder mit Stickern verzieren. Dann alle Schriftzüge auf ein großes Stück Papier kleben und rundum mit Deko-Kinderdrachen verzieren (siehe vorherige Seite).

*Gesprächsthema*
Sprechen Sie darüber, wie Menschen aus den unterschiedlichsten Ländern Gott auf verschiedene Arten loben können. Denken Sie an Missionare, die Sie kennen. Wie würden die Leute in deren Ländern «Lobt Gott» sagen?

### *Papierflieger*

---

Sie brauchen: A4-Blätter

---

Das Papier in der Mitte längs falten und wieder auseinanderklappen. Die beiden oberen Ecken der kurzen Seite nach unten falten, so dass sie in der Mitte zusammenstoßen. Nun das obere Dreieck an seinem unteren Rand nach unten falten, so dass die Spitze auf der Mittelfalte liegt, dabei unter dem Dreieck einen Abstand von zirka 2 cm lassen. Die beiden oberen Ecken wieder so nach unten falten, dass sie in der Mitte zusammenstoßen. Die hervorlugende kleine Spitze nach oben falten, so dass sie die beiden Ecken auf der Mittellinie abdeckt. Jetzt den Flieger in der Mitte nach unten zusammenklappen. Die kleine Spitze liegt außen. Nun die «Flügel» auf beiden Seiten in einer schrägen Linie zur Kante mit der Spitze falten.

*Gesprächsthema*
Sprechen Sie darüber, dass es zur Zeit Jesu noch keine Flugzeuge gab und auch nicht viel Papier!

## DIE ANDACHT

### *Die Kirche oder den Gemeindesaal vorbereiten*

---

**Sie brauchen:** rote Luftballons und Fähnchen, Papierflieger, Stifte, (eventuell) PowerPoint mit Fotos der diversen Kreativangebote, Muster von jeder Kreativstation

---

Dekorieren Sie den Andachtsraum mit Luftballons und Fähnchen, um zu zeigen, dass das Feiern weitergeht. Es wäre gut, wenn die Dekorationen, passend zum Thema Feuer, alle in Rot wären. Wenn Sie Power-Point-Fotos zeigen, starten Sie den Beamer, sobald die Leute hereinkommen. Achten Sie darauf, dass jeder beim Hereinkommen einen Papierflieger hat, und halten Sie ein paar Flieger für jene bereit, die keinen haben. Geben Sie allen einen Stift.

### Liedvorschläge

Ins Wasser fällt ein Stein / Ein Licht geht uns auf / Herr, das Licht deiner Liebe leuchtet auf / Herr, befreie unsre Herzen / Ja, heute feiern wir

### Biblische Geschichte und Auslegung

Wenn dies der erste Geburtstag Ihrer Ü-Kirche ist, sagen Sie: «Was haben wir heute gemacht? Verschiedene Dinge, die mit Geburtstag zu tun haben – weil heute der erste Geburtstag unserer Ü-Kirche ist. Bei manchen Sachen ging es auch um das Thema Wind. Bei anderen um Feuerflammen. Und bei einigen ging es darum, wie man Gott in anderen Sprachen lobt.»

Erklären Sie den Anwesenden, dass alle diese Dinge einen Bezug zu einem anderen Geburtstag haben, den wir heute auch feiern – den Geburtstag der Gemeinde, den man auch als Pfingsten bezeichnet. Das ist der Tag, an dem Gott ein wunderbares Geburtstagsgeschenk machte – das Geschenk seines Geistes.

Wenn Sie nicht den ersten Geburtstag Ihrer Ü-Kirche feiern, erklären Sie einfach, wie alle Kreativangebote etwas mit dem Geburtstag der Gemeinde zu tun haben.

Am Tag, als die Kirche entstand, waren die Jünger von Jesus zusammen und warteten auf das Geschenk, das Jesus ihnen versprochen hatte. Plötzlich hörten sie einen Lärm wie von einem starken Wind, der das Haus erfüllte.

*(Ahmen Sie das Geräusch nach!)*

Dann sahen sie etwas wie Feuerflammen, die sich teilten und sich auf jedem von ihnen niederließen, ohne dass jemand verbrannte.

*(Bilden Sie mit den Händen über der Person neben Ihnen so etwas wie eine «Flamme».)*

Der Geist Gottes war gekommen und erfüllte jeden von ihnen, alle Frauen und Männer und Kinder.

Sie fingen alle an zu feiern und Gott zu loben, aber auf eine sehr erstaunliche Art. Der Geist ermöglichte ihnen, etwas zu tun, was sie vorher noch nie getan hatten – sie lobten Gott in vielen verschiedenen Sprachen, die sie nie zuvor gelernt hatten.

Gott gibt seinen Geist auch heute noch jedem, der an Jesus glaubt, damit wir Gott loben und für ihn Dinge tun können, die wir aus eigener Kraft nie tun könnten.

Wir wollen Gott loben und den Geburtstag der Gemeinde/Ü-Kirche feiern – und das Geschenk von seinem Heiligen Geist.

### Gemeinsames Gebet

Jeder schreibt auf seinen Papierflieger ein Gebet. Zählen Sie bis drei. Dann werfen alle ihren Flieger in die Luft. Jeder fängt den Flieger auf, der am nächsten bei ihm landet. Zählen Sie wieder bis drei und lassen Sie dann alle gleichzeitig das Gebet auf ihrem Flieger vorlesen.

### Schlussgebet

*Herr, wir danken dir, dass du durch deinen Heiligen Geist auf der ganzen Welt und durch alle Zeiten hindurch bei deinen Kindern bist. Hilf uns, als eine Familie zu leben und einander durch dick und dünn zu lieben. Amen.*

### Ü-Segen

**Die Gnade unseres Herrn Jesus Christus**
*(strecken Sie die Hände aus, als wollten Sie ein Geschenk empfangen)*

**und die Liebe Gottes**
*(legen Sie die Hände aufs Herz)*

**und die Gemeinschaft des Heiligen Geistes**
*(fassen Sie Ihre Nachbarn an den Händen)*

**sei mit uns allen, jetzt und für alle Zeit. Amen!**
*(Heben Sie beim Wort «Amen» miteinander die Hände in die Höhe.)*

# Themenvorschläge für das ganze Jahr

## Biblische Landschaften

Eine Reihe
über biblische Szenen und Themen

# Thema 13
# Berge der Bibel

## Das Ziel

Aufzeigen, welche Bedeutung Berge, Hügel und einsame Orte für Jesus und andere Personen der Bibel hatten.

## Der biblische Hintergrund

Während die evangelische Seite in mir argumentiert, dass ich Gott zu jeder Zeit an *jedem* Ort begegnen kann, spricht einiges dafür, dass Berge bei unseren Begegnungen mit Gott doch eine ganz spezielle Rolle spielen. So kann man sie zum Beispiel in der Geschichte von Mose und den Gesetzestafeln (2. Mose 19,16–20,17) oder dem Bericht von der Verklärung (Markus 9,2–8) symbolisch als einen Ort bezeichnen, an dem sich Himmel und Erde auf halbem Wege treffen. Berge sind auch Orte, an die man vor dem Rest der Welt fliehen und wo man Gott allein in seiner Schönheit begegnen kann, wie Jesus in Lukas 6,12, als er sich zum Beten zurückzog, oder Elia, der sich in einer Berghöhle versteckte (1. Könige 19,1–9).

Ich denke auch, dass Berge als wichtige Orientierungspunkte dienen und leicht mit bestimmten Geschichten in Verbindung gebracht werden können: Elia auf dem Karmel (1. Könige 18,20–39), Jesu Kreuzigung auf Golgatha (Johannes 19,16–17) oder Jerusalem als der Berg Zion (Hebräer 12,22). Das Thema «Berge» schafft eine enge Verbindung zwischen dem Alten und dem Neuen Testament.

---

### DAS ESSEN

*Schinken, Kartoffelschnitze und Erbsen*

Stellen Sie Erbsen und Schinken auf die Tische und servieren Sie die Kartoffeln aus der Küche.

---

## Appetitanregende Berge

> **Sie brauchen:** Pappteller, grün gefärbten Zuckerguss, Eiswaffeltüten, Schokoladenstreusel, Gummibärchen

Die Waffeltüten umgekehrt auf einen Pappteller stellen und mit grünem Zuckerguss überziehen. Einige Schokoladenstreusel darüberstreuen (sie stellen die übriggebliebenen Brote und Fische dar) und fünf (oder weniger) Gummibärchen an dem Berg festkleben. Sie symbolisieren die 5000 Zuhörer.

*Gesprächsthema*
Sprechen Sie über Picknicks, die Sie schon einmal auf einem Berg oder Berggipfel hatten, und suchen Sie einen Bezug zu dem Bericht von der Speisung der Fünftausend in Johannes 6,1–13.

## Seifenstücke

> **Sie brauchen:** billige weiche Seifenstücke, Zahnstocher oder andere Modellierstäbe

Ritzen Sie mit einem Zahnstocher oder einem Modellierstab eines der Zehn Gebote in ein Stück Seife.

*Gesprächsthema*
Sprechen Sie darüber, wie beängstigend oder eindrücklich ein Sturm auf einem Berg sein kann, und erinnern Sie an den Ehrfurcht einflößenden Lärm und das Erdbeben, als Mose Gott auf dem Berg begegnete, um die Zehn Gebote in Empfang zu nehmen (2. Mose 19,16–20,17).

## Elias Feuer

> **Sie brauchen:** Buntpapier oder Seidenpapier in Rot, Orange, Gelb und Braun, Buntstifte in Weiß und Grau, Watte, Bastelleim, Schere

Flammen aus Seidenpapier auf braunes Papier kleben. Mit den Stiften Rauch darübermalen und Wattewölkchen aufkleben.

*Gesprächsthema*
Sprechen Sie über das Feuer, das Gott schickte, als Elia um ein Zeichen bat (1. Könige 18,36–38).

### Wie lieblich sind die Füße auf den Hügeln

**Sie brauchen:** eine alte Plastikwanne, alte Schwämme oder Handtücher, Farbpulver, glatte Papiertischdecke von der Rolle, Flipchart, Schreibzeug, Wasser und Seife, alte Handtücher oder Küchenpapier

Eine alte Plastikwanne mit einer Schicht Schwämme oder alter Handtücher füllen und mit Farbe tränken. Einen langen Streifen Papier auf dem Boden auslegen, der zum Flipchart-Ständer führt. Die Teilnehmer mit bloßen Füßen in die Farbe treten und dann auf dem Papier bis zum Flipchart gehen lassen, auf dem sie etwas Schönes zeichnen oder schreiben, was sie kürzlich erlebt haben. Gelegenheit zum Waschen und Abtrocknen bereithalten.

*Gesprächsthema*
Sprechen Sie darüber, wie es war, als Sie einmal eine gute Nachricht erhielten, und wie Nachrichten zur Zeit der Bibel von Boten weitergetragen wurden. Wenn er eine gute Nachricht brachte, war der Bote willkommen, wie in Jesaja 52,7. Sprechen Sie über die gute Nachricht, die wir für die Menschen haben, wenn wir ihnen erzählen, was Jesus für uns getan hat.

### Lilien auf dem Felde

**Sie brauchen:** buntes Seidenpapier, mittelschweren Karton, grünen Filz, Schere oder Zackenschere

Aus buntem Seidenpapier Kreise ausschneiden, zwei oder drei übereinanderlegen und mit dem Finger in die Mitte stechen, so dass eine

Art Blume entsteht. Die Blume auf ein Stück Karton kleben und aus Filz Blätter und Stängel ausschneiden und ankleben. Die Ränder mit Zickzackschere beschneiden, einreißen oder auf andere Weise möglichst originell gestalten.

*Gesprächsthema*
Sprechen Sie darüber, wie Jesus nicht möchte, dass wir uns um Dinge sorgen, die gar nicht wirklich wichtig sind. In der Bergpredigt sagt er, wir sollten uns nicht um unsere Kleidung sorgen. Bei den Blumen auf dem Feld können wir sehen, wie schön er sie «anzieht». Also wird er auch uns das geben, was wir brauchen (Matthäus 6,25–34).

## Schlangengrube

> **Sie brauchen:** breite Papprollen, alte Plastikhandschuhe, Papierreste, Bastelleim, Hand- oder Feuchtigkeitscreme

Die Papprollen sollten so breit sein, dass man eine Hand hineinstecken kann. Aus Gummi (wie zum Beispiel den Fingern von alten Spülhandschuhen) Schlangen schneiden und auf eine gezackte Lasche aus Papier kleben. Die Schlangen mit etwas Hand- oder Feuchtigkeitscreme bestreichen, damit sie nicht aneinander festkleben, und in das Rohr stecken. Dann jemanden auffordern, seine Hand in das «Vipernnest» zu stecken und zu fühlen, was darinnen ist.

*Gesprächsthema*
Sprechen Sie darüber, dass es in Gottes Reich keine Gefahren mehr geben wird. Sein Reich ist noch nicht da, aber es wird kommen. Es wird sein wie ein «heiliger Berg». Dort wird es so sicher sein, dass man die Hand in ein Schlangenloch stecken kann (Jesaja 11,8) und die Schlange nicht beißt.

## Gebetstöpfe

> **Sie brauchen:** neue Plastikblumentöpfe, bunte Sticker, Geschenkpapier in Streifen, leichten Karton, Stifte oder Bleistifte

Zwei Blumentöpfe mit Stickern und Streifen von Geschenkpapier oder Ähnlichem verzieren. Aus dem Karton sechs oder mehr kleine Kärtchen schneiden. Auf jede Karte einen Namen schreiben und in der Mitte falten. Alle Kärtchen in einen Topf legen. Es sollten Namen von Personen sein, für die man regelmäßig betet. Die Töpfe im Lauf der Woche zum Beten verwenden: Ein Kärtchen aus einem Topf nehmen, für die Person darauf beten und es dann in den zweiten Topf legen.

*Gesprächsthema*
Wie man einen ruhigen Ort findet, an dem man gern die Nähe Gottes sucht. Sogar Jesus ging zum Beten allein auf einen Berg (Lukas 6,12).

### Collage von Gottes heiligem Berg

> **Sie brauchen:** ein altes Laken oder Betttuch, ein Stück Stoff in Dunkelrot oder Grün, Reißzwecken oder Klebstoff, verschiedene Naturzeitschriften, Papierreste, Acrylfarbe, Pinsel, Bastelleim

Auf dem Laken ein Dreieck aus dunkelrotem oder grünem Stoff anbringen, so dass es, wenn man das Ganze als Wandbild aufhängt, wie ein Berg aussieht. Glückliche Menschen und Tiere aufmalen oder aus Zeitschriften ausschneiden und auf das Laken kleben.

*Gesprächsthema*
Sprechen Sie darüber, wie es ist, mit Tieren zu leben. In Gottes Reich werden Menschen und Tiere friedlich miteinander leben, wie es im Bericht von der Schöpfung erzählt wird.

### Oliven

> **Sie brauchen:** kleine Brotstücke, Olivenöl in einer flachen Schale, entsteinte Oliven, Cocktailspießchen, Gegenstände aus Olivenholz

Die Brotstücke in das Olivenöl tunken und probieren. Verschiedene Olivensorten auf Cocktailspießchen zum Probieren bereitstellen.

Wenn Sie etwas aus Olivenholz besitzen, bringen Sie es mit, damit jeder es anschauen und anfassen kann. Auf Nahrungsmittelallergien achten.

*Gesprächsthema*
Sprechen Sie über den Ölberg in Jerusalem, der früher mit Olivenbäumen bewachsen war und deshalb auch Olivenberg hieß. König David weinte dort, als er verraten wurde, und gab sich selbst in Gottes Hand (2. Samuel 15,30). Viele Jahre später betete Jesus dort und befahl sich auch in Gottes Hand, nachdem Judas ihn verraten hatte (Lukas 22,39–42).

### Der Berg Zion

> **Sie brauchen:** Zeichenpapier, Acrylfarbe, Pinsel, Behälter mit sauberem Wasser

Lesen Sie Psalm 48,2–4. Was für Bilder kommen Ihnen dabei in den Sinn? Können Sie aufmalen, was Sie vor sich sehen?

*Gesprächsthema*
Berge, die Sie erklommen haben, vor allem die schönen. Erklären Sie, dass Jerusalem auf dem Berg Zion gebaut wurde und wie die Juden, wenn sie nach Jerusalem gingen, sich darauf freuten, den Berg in der Mitte der Stadt zu sehen. David hat darüber Lieder geschrieben.

## DIE ANDACHT

### Die Kirche oder den Gemeindesaal vorbereiten

> **Sie brauchen:** (eventuell) PowerPoint mit Fotos der diversen Kreativangebote, Muster von jeder Kreativstation

Legen Sie verschiedene Gegenstände, die man zum Klettern braucht, z. B. Kletterseile, im Andachtsraum aus, und hängen Sie Poster von Bergen aus verschiedenen Erdteilen auf. Wenn Sie PowerPoint-Fotos zeigen, starten Sie den Beamer, sobald die Leute hereinkommen.

Kommt und lasst uns ziehn / Du hast uns deine Welt geschenkt / Herr, ich sehe deine Welt

## Biblische Geschichte und Auslegung

Fragen Sie: Wer hat schon einmal einen Berg bestiegen?

Jesus ging auf einen Berg, wenn er mit seinem Vater reden wollte (Matthäus 14,23). Einmal nahm er Petrus, Jakobus und Johannes mit auf einen Berg, um zu beten (Lukas 9,28). Als sie dort waren, sahen sie, wie Jesu Gesicht leuchtete und seine Kleider so hell strahlten wie ein Blitz, und sie erkannten, dass er wirklich Gottes geliebter Sohn war. Auf einem anderen Berg lehrte Jesus seine Nachfolger, wie man in Gottes Reich lebt (Matthäus 5,1).

Berge sind … hoch! Vom Gipfel aus hat man eine herrliche Aussicht. Und sie sind … gefährlich! Viele Menschen sind in den Bergen schon verunglückt. Berge sind … Ehrfurcht erregend. Wir staunen über ihre Schönheit und Majestät. Sie sind … riesig! Sie erinnern uns daran, wie klein wir sind und wie groß der Gott, der sie gemacht hat.

Erwähnen Sie einen Berg in der Nähe – oder dass es in der Nähe keinen Berg gibt –, und fragen Sie, wohin man gehen könnte, wenn man einen Berg besteigen will. Zum Beispiel: «Bei uns in der Nähe gibt es keine richtigen Berge, aber wir haben Hügel wie … Es tut gut, einmal auf einen Hügel zu steigen und sich dort Zeit zu nehmen, um Gott für alles zu danken, was man von dort oben sehen kann.»

Wenn ihr das nächste Mal auf einen Berg steigt, dann haltet einmal einen Moment inne und sprecht ein Gebet, wie Jesus es tat. Dankt Gott für alles Schöne, was er gemacht hat, und für das noch größere Wunder, dass Jesus, sein Sohn, am Kreuz auf einem Berg starb, um uns zu zeigen, wie sehr Gott uns liebt.

## Gemeinsames Gebet

Bildet mit euren Armen ein Kreuz. Wir stellen uns vor, dass wir auf einen Berg steigen. Dabei wollen wir laut aussprechen, wofür wir Gott danken und loben wollen …

Wir stellen uns vor, wie wir hinuntersteigen, und nennen dabei die Namen der Menschen, für die wir Gott um Hilfe und seinen Segen bitten …

## Schlussgebet

*Herr, wir danken dir für die Berge, die auf der ganzen Welt und durch alle Zeiten hindurch die Menschen näher zu dir gebracht haben. Hilf uns, dass wir im Herzen zur Ruhe kommen und uns Zeit nehmen, um in der Schönheit deiner Schöpfung deine Nähe zu suchen. Amen.*

## Ü-Segen

**Die Gnade unseres Herrn Jesus Christus**
*(strecken Sie die Hände aus, als wollten Sie ein Geschenk empfangen)*

**und die Liebe Gottes**
*(legen Sie die Hände aufs Herz)*

**und die Gemeinschaft des Heiligen Geistes**
*(fassen Sie Ihre Nachbarn an den Händen)*

**sei mit uns allen, jetzt und für alle Zeit. Amen!**
*(Heben Sie beim Wort «Amen» miteinander die Hände in die Höhe.)*

# Straßen der Bibel

## Das Ziel

Entdecken, wofür Straßen als Symbol stehen.

## Der biblische Hintergrund

«Straßen» sind ein Thema, das in der Bibel häufig vorkommt. Gottes Volk war oft unterwegs, im buchstäblichen wie im geistlichen Sinne – angefangen bei der Vertreibung von Adam und Eva aus dem Paradies (1. Mose 3,23) bis zur letzten Missionsreise von Paulus (Apostelgeschichte 28,16–31). Es ist wichtig, dass auch wir heute das Bild verstehen. Eine Reise hat einen Ausgangs- und einen Endpunkt: das Ziel. Wir sind in diesem Leben nicht passiv und ziellos. Unser Leben hat einen Sinn und ein Ziel, das wir erreichen sollen.

### DAS ESSEN

*Pizzabaguette und Salat*

Salat und Knoblauchbrot auf die Tische stellen. Pizzabaguette aus der Küche servieren.

### DIE KREATIVSTATIONEN

*Straßenbilder*

> **Sie brauchen:** Straßenkreide in verschiedenen Farben

Manche Menschen sagen, das Leben sei wie eine Reise. Suchen Sie im Freien einen Ort, an dem Sie genug Platz haben, auf dem Boden zu malen. (Wir waren bei uns auf dem Parkplatz.) Malen Sie in Gruppen mit Straßenkreide ein Bild Ihrer Geschichte auf den Boden.

*Gesprächsthema*
Sprechen Sie über verschiedene Geschichten aus der Bibel, in denen Reisen vorkommen. Wenn Sie Anregungen brauchen, hier ein paar Vorschläge: Adam und Eva beim Verlassen des Paradieses (1. Mose 3,23); Abraham und Sara (1. Mose 12,1–5); Josef (1. Mose 37,12–28); Mose, der die Israeliten aus Ägypten und durch die Wüste führt (2. Mose 13,17–22); Ruth und Naomi auf dem Weg nach Bethlehem (Ruth 1,1–19); das Volk Gottes auf dem Weg in die Verbannung nach Babylon (2. Könige 25,1–12); Maria und Josef auf dem Weg nach Bethlehem (Lukas 2,1–7); der barmherzige Samariter (Lukas 10,30–35); der Weg des verlorenen Sohnes aus dem Vaterhaus und wieder zurück (Lukas 15,11–32); der Weg nach Emmaus (Lukas 24,13–35); die Missionsreisen von Paulus in der Apostelgeschichte … um nur einige zu nennen.

## Schatzsuche

> **Sie brauchen:** für jeden Teilnehmer ein Blatt Papier mit einer Liste von Gegenständen (siehe unten), die gesucht werden müssen

Jeder Teilnehmer bekommt eine Liste mit Dingen, die er finden soll, zum Beispiel ein Eichenblatt, eine Feder, einen Zweig, eine Blume, etwas Gelbes, einen Stein usw. Vorher dafür sorgen, dass alles gefahrlos zu erreichen ist.

*Gesprächsthema*
Reisen, die ein bestimmtes Ziel haben.

## Verkehrslotsen

> **Sie brauchen:** flache runde Lutscher am Stiel, große runde Kekse oder Plätzchen, Zuckerguss

Mit Zuckerguss Augen und Lippen auf einen großen Lutscher, Keks oder ein Plätzchen malen.

*Gesprächsthema*

Wie gefährlich es ist, eine Straße zu überqueren, und wie man sicher hinüberkommt.

### Straßenschilder

> **Sie brauchen:** vorgeschnittene Dreiecke aus weißem Karton, rote Karton- oder Papierstreifen, Bastelleim, schwarzes Papier, schwarzen Filzstift, kurze Holzstäbchen, (eventuell) Faden

Auf die Ränder der Dreiecke Streifen aus rotem Karton oder Papier kleben. Mit schwarzem Filzstift ein eigenes Verkehrsschild kreieren oder aus schwarzem Papier Symbole ausschneiden. Das Schild auf einen Holzstab kleben oder oben ein Loch einstanzen und einen Faden hindurchziehen, so dass man es an einem Haken oder Türgriff aufhängen kann. Was kann das Schild für das Leben als Christ bedeuten? Zum Beispiel: «Wenden verboten» = sieh niemals zurück! «Vorsicht, Schlaglöcher» = vor dir liegt eine schwere Zeit. Und so weiter.

*Gesprächsthema*

Das Leben als Christ ist wie eine Reise: Wir sind immer unterwegs zum nächsten Abenteuer. Sprechen Sie über Symbole und wie ein Bild einen Befehl ausdrücken kann oder eine bestimmte Anregung.

### Autorennen

> **Sie brauchen:** größere Pappschachteln, verschiedenes Bastelmaterial, Bastelleim, Bänder oder Ähnliches

Die Pappschachteln zu Autos umfunktionieren, in die man sich hineinstellen kann. Mit verschiedenem Bastelmaterial dekorieren, Bänder oder Ähnliches daran befestigen. Mit den Füßen hineinsteigen, die Schachteln bis zum Bauch hochziehen und mit den Bändern über die Schultern hängen. Zum Formel-1-Rennen starten.

*Gesprächsthema*

Sprechen Sie darüber, wie die Menschen heute mit dem Auto unterwegs sind, während sie zur Zeit der Bibel laufen oder auf einem Tier reiten mussten. Das Reisen war damals viel langsamer als heute.

## Landkarte des Lebens

> **Sie brauchen:** große Bögen Papier, Zeichenmaterial

Ein Bild des eigenen Lebens malen, als wäre es eine Straße, auf der die einzelnen Stationen deutlich zu erkennen sind.

*Gesprächsthema*
Sprechen Sie darüber, wie wir von Geburt an auf einer Reise durch das Leben sind.

## Menschen unterwegs

> **Sie brauchen:** glatte Papiertischdecke von der Rolle, Zeichenmaterial

In der Mitte eines langen Papierstücks eine Straße aufmalen. Personen aus biblischen Geschichten einzeichnen und mit Namen beschriften, die auf der Straße unterwegs sind, als würden sie alle zur gleichen Zeit in dieselbe Richtung gehen. Sprechblasen einzeichnen und hineinschreiben, worüber sie miteinander reden.

*Gesprächsthema*
Die vielen Leute, die in der Bibel unterwegs sind.

## Der barmherzige Samariter

> **Sie brauchen:** weißes Toilettenpapier

Einem Freund, Kind oder Elternteil mit Toilettenpapier einen Verband anlegen.

*Gesprächsthema*
Erzählen Sie die Geschichte vom barmherzigen Samariter (Lukas 10,25–37).

> **Sie brauchen:** Deckel von Schuhkartons, mittelschweren Karton, Zeichenmaterial, Bastelleim

Auf dem Deckel eine Straße aufzeichnen. Kartonstücke zusammenfalten und Figuren ausschneiden für die beiden Jünger und Jesus. Auf der einen Seite des Deckels Jerusalem mit einem leeren Kreuz einzeichnen, am anderen Ende das Haus in Emmaus. Anhand des Bildes die Geschichte nacherzählen.

*Gesprächsthema*
Erzählen Sie die Geschichte, wie Jesus den beiden Jüngern auf ihrem Weg nach Emmaus begegnet (Lukas 24,13–35).

## Sandalen

> **Sie brauchen:** Filz oder festen Stoff, Marker, Faden oder Bänder, Schere

Aus Filz oder festem Stoff Sandalen herstellen. Den Fuß auf den Stoff stellen und mit dem Marker den Umriss aufzeichnen. Genug Rand lassen. Ausschneiden und mit einem langen Faden oder Band an den Fuß binden. Entweder rings um die Sohle Löcher ausstanzen und das Band durchziehen oder das Band einfach um den Fuß und die Sandale wickeln.

*Gesprächsthema*
Sprechen Sie darüber, dass die Menschen zur Zeit der Bibel auf ihren Reisen entweder Sandalen trugen oder barfuß gingen.

## Die Kirche oder den Gemeindesaal vorbereiten

> **Sie brauchen:** Verkehrshütchen oder Straßenschilder (siehe unten), (eventuell) PowerPoint mit Fotos der diversen Kreativangebote, Muster von jeder Kreativstation

Leihen Sie bei der Verkehrspolizei oder Gemeinde bzw. der zuständigen Behörde einige Verkehrshütchen und Straßenschilder aus, um den Andachtsraum zu dekorieren. Wenn Sie PowerPoint-Fotos zeigen, starten Sie den Beamer, sobald die Leute hereinkommen.

### Liedvorschläge

Viele Wege gibt es auf dieser Welt / Das wünsch ich dir / Dass du mich einstimmen lässt

### Biblische Geschichte und Auslegung

Verwenden Sie Bilder oder PowerPoint für die Andacht.

Das Leben ist wie eine Reise auf einer langen Straße. Manchmal ist der Weg schwierig oder gefährlich, genauso wie es manchmal schwierig ist, eine Straße zu überqueren. Straßenschilder können uns helfen, einen sicheren Weg zu finden.

*(Halten Sie eine Verkehrskelle hoch.)*

Habt ihr schon einmal jemanden mit einem solchen Schild gesehen?

Verkehrslotsen haben solche Schilder, um uns zu zeigen, wo wir sicher über die Straße kommen. Sie stehen mitten auf der Straße, strecken die Arme aus und halten den Verkehr an, damit wir sicher von der einen Seite auf die andere gehen können.

Streckt einmal eure Arme aus wie ein Verkehrslotse. Dabei fällt mir ein anderes Zeichen ein – ein Zeichen, das wir in der Kirche sehen und das einige von uns auch tragen. Ja, es ist das Zeichen des Kreuzes. Jesus hat am Kreuz seine Arme weit ausgestreckt, damit wir auf unserem Weg durchs Leben sicher sind. Er möchte uns davon abhalten, Dinge zu tun, mit denen wir uns oder anderen Menschen schaden, und er möchte auch andere Menschen davon abhalten, uns wehzutun. Jesus hat versprochen, dass er unser Lotse sein und uns den richtigen Weg zeigen will, wenn wir ihm folgen.

### Gemeinsames Gebet

Streckt wieder die Arme aus wie ein Verkehrslotse und denkt einmal an jemanden, der Gottes Hilfe braucht.

**Leiter:**  Herr, wir denken an diese Menschen und bitten dich, strecke deine Arme der Liebe aus, um ihnen zu helfen.
**Alie:**  Amen.

### Schlussgebet

*Herr, wir danken dir, dass du deine Kinder auf der ganzen Welt und durch alle Zeiten hindurch geführt hast. Hilf uns, dass wir auf unserem Weg durchs Leben dir folgen. Amen.*

### Ü-Segen

**Die Gnade unseres Herrn Jesus Christus**
*(strecken Sie die Hände aus, als wollten Sie ein Geschenk empfangen)*

**und die Liebe Gottes**
*(legen Sie die Hände aufs Herz)*

**und die Gemeinschaft des Heiligen Geistes**
*(fassen Sie Ihre Nachbarn an den Händen)*

**sei mit uns allen, jetzt und für alle Zeit. Amen!**
*(Heben Sie beim Wort «Amen» miteinander die Hände in die Höhe.)*

# Wasser in der Bibel

Dieses Thema gehört zur Reihe über biblische Szenen und Themen. Es passt gut zu den Sommerferien.

## Das Ziel

Verschiedene biblische Geschichten kennen lernen, in denen es um Wasser und Meer geht.

## Der biblische Hintergrund

Das Meer mit seinem unkontrollierbaren Wesen wird in der Bibel normalerweise mit Chaos und den Mächten des Bösen in Verbindung gebracht und als Symbol dafür, wie man vom Chaos zur Ordnung kommt. Das zeigt sich schon ganz am Anfang, wo Gott aus dem Chaos einer Erde, die «leer und ohne Leben» war, «von Wassermassen bedeckt» und von Finsternis beherrscht (1. Mose 1,2), seine Schöpfung entstehen lässt. Im zweiten Buch Mose sehen wir erneut, wie aus Chaos Ordnung entsteht, als Mose die Israeliten durch das Rote Meer aus Ägypten und in das Gelobte Land führt (2. Mose 13,17–14,30).

Die Symbolik des Auszugs aus Ägypten ist eng verknüpft mit dem Symbolgehalt der Taufe im Neuen Testament, von der Taufe Jesu (Matthäus 3,13–17) bis zu unserer eigenen (Römer 6,3–4). Durch alle Evangelien hindurch ist Jesus der Herr über das Wasser. Er verwandelt Wasser in Wein (Johannes 2,1–11), befiehlt Wind und Wellen (Lukas 8,22–25) und gebraucht Bilder vom Fischen (Lukas 5,1–11), vom Bauen auf Sand (Matthäus 7,24–27) und vom Wasserschöpfen aus dem Brunnen (Johannes 4,3–26), um das Wesen Gottes zu erklären.

### *Fischstäbchen, neue Kartoffeln und Salat*

Kartoffeln und Salat auf die Tische stellen, Fischstäbchen aus der Küche servieren.

## DIE KREATIVSTATIONEN

### *Feriengrüße vom Strand*

> **Sie brauchen:** blauen Karton, Schere, Mal- und Zeichenutensilien, Bastelleim

Aus blauem Karton Wellen, Schiffchen und Möwen schneiden und daraus einen Feriengruß basteln. Mit den besten Wünschen für einen schönen, erholsamen Urlaub an jemanden verschicken. Wer besonders mutig ist, kann eine Abwandlung von Jesaja 40,31 daraufschreiben:

> *Alle, die ihre Hoffnung auf den Herrn setzen, bekommen neue Kraft.*
> *Sie sind wie Möwen, denen mächtige Schwingen wachsen ...*
> *Schöne Ferien!*

*Gesprächsthema*
Wie viel Spaß man am Wasser und im Meer haben kann.

### *Bilderrahmen verzieren*

> **Sie brauchen:** billige Bilderrahmen aus Holz, Muscheln, Bastelleim, Blätter mit 1. Mose 2,2–3 (siehe unten), Mal- und Zeichenmaterial

Einen hölzernen Bilderrahmen mit Muscheln dekorieren. Auf dem Computer den Bibelvers ausdrucken: «Am siebten Tag hatte Gott sein Werk vollendet und ruhte von seiner Arbeit. Darum segnete er den siebten Tag.» Über dem Vers Platz lassen, damit jeder ein Bild von sich in den Ferien malen oder ein Foto aufkleben kann.

*Gesprächsthema*
Gott selbst hat von seiner Arbeit ausgeruht. Er möchte, dass auch wir uns ausruhen und erholen und uns Zeit nehmen, um uns an der Welt und aneinander zu freuen.

### Tiere basteln

**Sie brauchen:** Schneckenhäuser oder Muschelschalen, mittelschweren Karton oder Moosgummi, Bastelleim

Aus den Schneckenhäusern oder Muschelschalen Tiere basteln. Dazu Augen, Ohren und Füße aus Karton oder Moosgummi ausschneiden und ankleben. Dem Tier einen Namen geben.

*Gesprächsthema*
Sprechen Sie über die interessanten Muscheln und Tiere, die man am Strand finden kann, und dass Gott sie alle verschieden gemacht hat.

### Fischmosaik

**Sie brauchen:** Plastikteller, Seidenpapier, Bastelleim (mit Wasser verdünnt), Pinsel, Karton in verschiedenen Farben, Schere

Mit dem verdünnten Leim Seidenpapier auf einen Plastikteller kleben für einen interessant strukturierten Hintergrund. Den Karton in Stücke schneiden und die einzelnen Teile in der Form eines Fisches als Mosaik auf den Teller kleben.

*Gesprächsthema*
Sprechen Sie darüber, wie Jesus nach seiner Auferstehung für die Jünger am Ufer ein Frühstück zubereitete (Johannes 21,4–14).

## Sand rieseln lassen

> **Sie brauchen:** Zeichenpapier, silbernen Sand oder «Sand» aus Salz und Farbe (siehe unten), Bastelleim

Leim in Kreisen auf ein Stück Papier tröpfeln lassen. Sand darüberrieseln lassen und die losen Körner abschütteln. «Sand» kann man aus Salz und Farbpulver herstellen. Für sandfarbenen Sand einen Teelöffel gelbe und einen halben Teelöffel rote Farbe auf ein Kilo Salz geben.

*Gesprächsthema*
Sprechen Sie darüber, wie gut Sand sich eignet, um eine Sandburg zu bauen – aber was würde passieren, wenn man ein richtiges Haus auf dem Sand baut?

## Jona und der große Fisch

> **Sie brauchen:** mittelschweren Karton, kleine Schachteln (zum Beispiel leere Teebeutelschachteln), Strohhalme oder Stöckchen, Bastelleim, Klebeband, Schere, Malzeug

Zwei Fische ausschneiden und an beiden Seiten einer kleinen Schachtel ankleben. Aus Karton eine kleine Jona-Figur ausschneiden und mit Klebestreifen an einem Strohhalm oder Stöckchen befestigen. Das freie Ende des Stöckchens in die Schachtel zwischen die beiden Fische stecken, so dass man Jona hineinschieben kann (wenn er vom Fisch verschlungen wird) und wieder herausholen kann (wenn der Fisch ihn ausspuckt).

*Gesprächsthema*
Die Geschichte von Jona und dass es nirgendwo einen Ort gab, an den er vor Gott hätte fliehen können.

**Sie brauchen:** vorher aus Karton ausgeschnittene Fische, Büroklammern, Marker (um den Vers aus Lukas 5,10 auf die Fische zu schreiben), kleine Blumenstäbe, Band, kleine Magnete, eine große Schüssel, Goldfischli

Eine Büroklammer als Maul an die Pappfische stecken. Auf jeden Fisch ein Wort aus dem Satz: «Von nun an wirst du Menschen fangen» schreiben und die Fische in die Schüssel legen. Aus den Stäben eine Angelrute machen. Dazu einen Faden daranbinden und am Ende des Fadens einen Magneten. Mit der Rute die Fische aus der Schüssel angeln und den Vers zusammenlegen. Zur Belohnung gibt es ein paar Goldfischli oder Ähnliches.

*Gesprächsthema*
Sprechen Sie darüber, dass mehrere Nachfolger von Jesus von Beruf Fischer waren.

## Das Haus auf dem Felsen

**Sie brauchen:** flache Kieselsteine, aus mittelschwerem Karton vorgeschnittene Muster für einen Würfel (Falzlinien einzeichnen), Filzstifte, Bastelleim, Papierstreifen mit Bibelvers (siehe unten)

Mit Filzstift auf die Würfelseiten Fenster und Türen aufzeichnen. Den Karton zum Würfel falten und auf einen Stein kleben. Auf einen Papierstreifen die Worte schreiben: «Das Haus auf dem Felsen steht fest» (nach Matthäus 7,25). Den Streifen um den Stein kleben.

*Gesprächsthema*
Die Geschichte von den beiden Männern, die ein Haus bauten (Matthäus 7,24–27).

### Wandgemälde «Menschenfischer»

> **Sie brauchen:** mittelschweren Karton, vorgeschnittene Fische aus festem Karton, Malzeug, schwarze Marker, Schere, glatte Papiertischdecke von der Rolle, Bastelleim

Aus dem festen Karton einige Fische als Schablone ausschneiden. Fische ausschneiden und den eigenen Namen daraufschreiben. Alle Fische auf die Tischdecke kleben und ein Fischernetz darum malen.

*Gesprächsthema*
Sprechen Sie darüber, dass alle zur nächsten Ü-Kirche einen Freund einladen und wie sie damit zu Fischern werden, die Menschen fangen anstatt Fische (Matthäus 4,19). Die «Fische» können dann miteinander kreativ werden, anstatt nur im Meer zu schwimmen!

### Wasserspiele

> **Sie brauchen:** eine alte Plastikwanne, A4-Blätter, Spielzeugeimer und Flaschen, Handtücher

Papierschiffchen falten (siehe Anleitung auf Seite 202) und in der Wanne schwimmen lassen, Wellen erzeugen, eine Armada bilden. (Sara behauptet, dass sie ihre Wanne, seit sie zur Ü-Kirche kommt, öfter benutzt als früher, als sie noch Babys gebadet hat!) Spielzeugeimer und Flaschen zum Spielen dahaben und ein paar Handtücher für die unvermeidlichen Konsequenzen. (Das Spiel findet am besten im Freien statt!)

*Gesprächsthema*
Sprechen Sie darüber, wie Jesus den Sturm stillte (Lukas 8,22–25).

*Die Kirche oder den Gemeindesaal vorbereiten*

> **Sie brauchen:** Strandsachen (siehe unten), vorgeschnittene Back-
> steine aus Papier (siehe «Gemeinsames Gebet»), Hintergrund-
> papier, Klebestifte, Bilder von Stränden und Sandburgen, (even-
> tuell) PowerPoint mit Fotos der diversen Kreativangebote,
> Muster von jeder Kreativstation

Eimerchen und Schaufeln, Sonnenbrillen und andere Strandsachen im
Andachtsraum auslegen. Tragen Sie einen Sonnenhut, Sonnenbrille und
ein Hawaiihemd. Wenn Sie PowerPoint-Fotos zeigen, starten Sie den
Beamer, sobald die Leute hereinkommen.

*Liedvorschläge*

Ins Wasser fällt ein Stein / Kommt mit, wir wollen Freunde sein (Men-
schenfischer-Lied) / Gott hat die ganze Welt in seiner Hand (Er hat das
Meer und die Wellen …)

*Biblische Geschichte und Auslegung*

Fragen Sie die Teilnehmer, was ihnen am Strand am besten gefällt. Erzählen Sie eine lustige Geschichte von Ferien am Meer aus Ihrer Kinder-
zeit. Sagen Sie, dass bestimmt schon jeder herausgefunden hat, was das
heutige Thema ist: der Strand. In der Bibel gibt es eine Menge interessante Geschichten vom Strand: Jona wird von einem großen Fisch ans
Ufer gespuckt; Jesus ruft seine Jünger auf, ihm zu folgen, und erzählt ein
fantastisches Gleichnis – eine Geschichte mit einem Geheimnis – von
ein paar Männern am Strand.

Zeigen Sie Bilder von Stränden und Sandburgen. Sprechen Sie darüber, welchen Spaß es macht, am Strand zu spielen und Sandburgen zu
bauen. Aber was passiert damit? Wenn die Flut kommt, werden sie weggespült. Eignet sich der Strand also dafür, um dort ein richtiges Haus zu
bauen? Natürlich nicht!

Erzählen Sie die Geschichte von den beiden Hausbauern (Matthäus 7,24–27) und untermalen Sie die Erzählung mit so viel pantomimischen Elementen, wie Sie sich trauen.

Jesus hat einmal eine Geschichte von einem Mann erzählt, der hatte den Strand so gern, dass er beschloss, dort ein Haus zu bauen. Das war sehr einfach: Es war flach, und es gab viel Platz. *(Treten Sie auf einen Krebs, schnuppern Sie an einer stinkenden Alge – puh!)* Die Aussicht war herrlich, die frische Luft ebenso, man konnte schwimmen und angeln. *(Lassen Sie sich wieder von dem Krebs kneifen.)* Also baute er sein Haus am Strand. *(Hämmern Sie sich auf den Daumen, sägen Sie sich in den Fuß.)* Bald war er fertig, setzte sich hinein und sah hinaus und freute sich an Sonne und Meer. *(Riechen Sie wieder an der Alge.)*

Durchs Fenster sah er draußen noch jemanden arbeiten. Der baute ein Haus auf den Felsen.

Der zweite Mann musste ziemlich hart arbeiten. Es gab nicht so viel Platz, und der Boden war hart. *(Graben Sie schwitzend ein Fundament, schieben Sie eine Schubkarre den Berg hinauf und rennen auf der anderen Seite hinter ihr her, bauen Sie aus Ziegelsteinen eine Mauer.)* Es dauerte auch viel länger, aber endlich war er ebenfalls fertig und setzte sich hinein und sah hinunter zu dem Mann im Haus am Strand.

Beide Männer sahen, wie dunkle Wolken aufzogen. Sie hörten, wie der Wind stärker wurde. *(Lassen Sie die Kinder Geräusche machen.)* Sie sahen, wie die Flut kam und die Wellen immer höher schlugen. Dann brach der Sturm los. Wind und Regen peitschten um das Haus auf dem Felsen. Aber es stand fest.

Doch was passierte mit dem Haus am Strand? Wind und Wellen schlugen von allen Seiten dagegen. Der Sand wurde einfach untendrunter weggespült. Es zerbrach in tausend Stücke. Der arme Hausherr musste um sein Leben paddeln. Er hatte alles verloren.

Jesus nannte den Mann, der sein Haus auf den Sand baute, «unvernünftig». Warum? Den Mann mit dem Haus auf dem Felsen jedoch nannte er «klug». Warum? Er sagte: «Wer meine Worte hört und danach handelt, der ist klug. Man kann ihn mit einem Mann vergleichen, der sein Haus auf felsigen Grund baut.»

Es ist vielleicht schwerer, aber wir sollten unser Leben auf ein festes Fundament bauen. Jesus hat auch gesagt: «Wer sich meine Worte nur anhört, aber nicht danach lebt, der ist so unvernünftig wie einer, der sein Haus auf Sand baut.» Es scheint vielleicht einfacher, aber was wir dort bauen, hält den Stürmen des Lebens nicht stand.

Wenn wir in diesem Sommer am Strand sind und Sandburgen bauen und sehen, wie die Wellen kommen und sie wegspülen, dann wollen wir einander an die Geschichte Jesu von dem klugen und dem unvernünftigen Bauherrn denken. Und daran, dass auch wir klug sein und tun sollten, was Jesus sagt. Nämlich ihn und einander so lieben, wie er uns liebt.

### Gemeinsames Gebet

Hängen Sie ein langes Stück Papier an die Wand. Halten Sie backsteinförmige Rechtecke aus Papier oder Karton bereit. Bitten Sie alle, sich zu überlegen, was sie in diesem Monat tun können, um in ihrem Leben Jesu Lehre zu befolgen. Machen Sie ein paar Vorschläge: zum Beispiel etwas tun, um einem anderen zu helfen, etwas Nettes zu jemandem sagen, sich jeden Tag etwas Zeit nehmen zum Beten, jemanden zur Ü-Kirche einladen usw. Jeder schreibt oder malt seinen Plan auf einen «Backstein» und bringt ihn als «Opfer» nach vorn. Heften Sie die Steine auf den Hintergrund wie eine Mauer. Es ist gut, wenn dabei ruhige Musik läuft.

Fassen Sie alle Gebete im Vaterunser zusammen. (An die Wand projizieren.)

### Schlussgebet

*Herr, wir danken dir, dass es Ferien (und damit auch viel Zeit am Wasser) gibt. Hilf uns, uns an deiner Schöpfung zu freuen und einander so zu lieben, wie du es uns gelehrt hast. Amen.*

### Ü-Segen

**Die Gnade unseres Herrn Jesus Christus**
*(strecken Sie die Hände aus, als wollten Sie ein Geschenk empfangen)*

**und die Liebe Gottes**
*(legen Sie die Hände aufs Herz)*

**und die Gemeinschaft des Heiligen Geistes**
*(fassen Sie Ihre Nachbarn an den Händen)*

**sei mit uns allen, jetzt und für alle Zeit. Amen!**
*(Heben Sie beim Wort «Amen» miteinander die Hände in die Höhe.)*

# Nachwort

## Ein Ü-Kirchen-Nachmittag in Ehlershausen (Deutschland)

Freitag, 15.15 Uhr.

Das Ü-Kirchen-Team steht bereit. Die Ü-Kirchen-T-Shirts sind angezogen. Hedwig, unser Ü-Kirchen-Huhn, sitzt auf der Hand einer Mitarbeiterin, bereit, die Kinder und Erwachsenen zu begrüßen.

Im Vorraum stehen Tee, Kaffee und Saft neben den vielen Obst- und Gemüseschnitzen. Früher lagen hier Kekse, aber wir haben von den Eltern gelernt, und das Gesunde wird auch problemlos alle.

Der Raum mit den Kreativstationen ist noch geschlossen.

An einem Tisch stehen Mitarbeiterinnen mit Stiften und den Namensschildern und der Namensliste, in der wir auch E-Mail-Adressen sammeln. So fällt der Kontakt zwischen den einzelnen Ü-Kirchen-Nachmittagen leichter.

Als Namensschilder haben wir Eier in den Farben einer großen Hedwig, die, auf ein Bettlaken gemalt, unsere Ü-Kirche begleitet. Am Ende der Ü-Kirche werden die Namensschild-Eier auf das große Transparent geklebt.

Die ersten Kinder und Erwachsenen kommen. Eine Mitarbeiterin hat eine Tasche voller kleiner Instrumente und geht zwischen den Wartenden herum, macht Musik und Geräusche mit ihnen.

Zur Ü-Kirche kommen zurzeit Kinder zwischen 0 und 9 Jahren, die meisten Kinder sind zwischen 3 und 6 Jahren. Es kommen fast nur Mütter, aber auch einige Väter, manchmal kommen Omas alleine mit ihren Enkeln, manchmal begleiten sie auch einen Elternteil. Fast alle Ü-Kirchen-Besucher haben vorher keine Angebote in unserer Kirchengemeinde wahrgenommen.

Um 15.45 Uhr ertönt das Signal, die Türen öffnen sich, und alle kommen in den Gemeindesaal. Dort stehen Tische, abgedeckt mit bunten Tüchern. Was sich darunter wohl verbirgt?

Die Begrüßung startet. Hedwig, das Huhn (eine Folkmanis®-Handpuppe), begrüßt mit einer Mitarbeiterin die Anwesenden. Das ist immer ziemlich lustig, weil Hedwig ein bisschen frech ist und immer alles besser weiß. Vor allem brennt sie darauf, erzählen zu dürfen, was das Team sich heute für ein Thema ausgedacht hat und welche Angebote dazu unter den bunten Tüchern warten.

Jedes Angebot wird von einer Mitarbeiterin vorgestellt, Hedwig und ihre Gesprächspartnerin sagen ganz kurz, was das mit dem Thema zu tun hat. Diese Erklärung findet sich immer auch auf den Tischen.

Zum Beispiel:

«Das kann gemacht werden: Durch eine Postkarte steigen.»

«Deshalb haben wir uns das ausgedacht: Das geht doch gar nicht – durch eine Postkarte steigen! Aber so, wie bei Gott Dinge möglich sind, die wir uns nicht vorstellen können, so ähnlich ist das auch bei der Postkarte – probiert es aus!»[2]

Nachdem alle Tische enthüllt worden sind, stellen sich Erwachsene und Kinder zu den Angeboten, mit denen sie beginnen wollen.

Wir haben auch viele Eltern mit kleinen Geschwisterkindern. Für die gibt es eine gut einsehbare Krabbelecke. Eine Stunde ist nun Zeit, um von Station zu Station zu gehen. Bei der Auswahl der Angebote achten wir auf Vielfalt. Nicht nur etwas zum Basteln, sondern auch Experimente zu zweit, Angebote mit Bewegung, etwas zum Konstruieren oder Rätseln sind immer dabei.

## Ein Beispiel zum Thema Weihnachten

| Das kann gemacht werden … | Und deswegen haben wir uns das ausgedacht … |
| --- | --- |
| Kerzen mit Krepppapier-Knödel | Wir warten auf Weihnachten. Wir warten darauf, den Geburtstag Jesu zu feiern. Mit Jesus hat Gott es geschafft, ganz viele dunkle Ecken in unserem Leben hell zu machen. Deshalb gehören Kerzen in die Adventszeit. |
| Sternteelicht-halter | Die Sterne sehen wir am Himmel. Den Seefahrern weisen sie den Weg, genauso wie den Weisen aus dem Morgenland, die Maria und Josef mit dem neugeborenen Kind suchten. |

[2] Wie das geht? Per Internet-Suchmaschine nach «durch eine Postkarte steigen» suchen … voilà!

| | |
|---|---|
| Erdnuss-männchen | Nüsse sind wie ein Bild für das, was Gott für uns tut. Die Nuss sieht von außen gar nicht besonders aus, aber in ihr schlummert etwas ganz Leckeres. Jesus ist wie ein ganz normales Baby geboren worden, aber in ihm ist Gott auf die Welt gekommen. |
| Gold-Folienstern für den Blumen-topf | Gold ist auf alten Bildern die Farbe für Gott. Ein goldener Stern ist die Erinnerung daran, dass Gott da ist und uns führt. |
| Adventskalender | Warten ist nicht leicht. 21 Tage noch bis Weihnachten. Der Adventskalender hilft uns beim Warten und erinnert uns daran, dass Gott uns jeden Tag wieder etwas ganz Über-raschendes schenkt. |
| Fliesen-Weg-Spiel | Große und kleine Menschen sind in ihrem Leben damit beschäftigt, ihren Weg zu finden. Gott möchte uns dabei helfen. |
| Hirte-findet-Schaf-Spiel | Gott ist wie ein Hirte, der sein verlorenes Schaf so lange sucht, bis er es findet. Und so sucht er auch uns manchmal, Erwachsene und Kinder. Ist doch wunderbar, oder? |

Während der Angebote fotografieren Jugendliche das Geschehen mit zwei Digitalkameras. Diese Fotos begrüßen die Kinder, wenn sie nach einer Stunde gegen 17 Uhr in die Kirche kommen. Per Laptop und Bea-mer werden sie an die Wand geworfen und sind so eine weitere Verbin-dung zwischen der Zeit der Angebote und der Zeit in der Kirche. Bei den ersten Malen passierte es, dass die Kinder nach vorne stürmten und die Erwachsenen, als ob sie nicht so dazugehörten, in den hinteren Reihen saßen. Seither achten wir darauf, dass auch in der Kirche die Kinder zusammen mit den Erwachsenen sitzen und diese Zeit als *ge-meinsame* Andacht erleben.

Hedwig, das Huhn, hält zu Beginn noch einmal einen kurzen Rück-blick auf das, was Kinder und Erwachsene eben gemacht haben. Nach dem ersten Lied wird der biblische Text erzählt oder gespielt. Letzteres ist für uns die schönste Lösung: Wenn Jugendliche die biblische Ge-schichte gestalten, sind die Kinder ganz gebannt. Außerdem ist das eine schöne Möglichkeit, Konfirmandinnen und Konfirmanden und andere interessierte Jugendliche einzubinden. Es schließt sich eine kurze und knackige Auslegung an, die sowohl etwas für Kinder als auch für Erwachsene hergibt. Das ist eine große Herausforderung, an der wir immer noch arbeiten.

Natürlich singen wir immer wieder zwischendurch, und dann kommt die «Prayer Bubble» («Gebets-Blase»); eine Anregung, die wir von der Messy Church in Greenbelt mitgebracht haben: Die Kinder werden eingeladen, eine (fiktive) Seifenblasendose aus der Tasche zu ziehen, den Deckel abzuschrauben und eine große Seifenblase zu pusten. Danach steigen sie ganz vorsichtig hinein und bleiben ganz still stehen, damit die Seifenblase nicht kaputtgeht. Dann beten wir zusammen. Nach dem Amen wird die Seifenblase mit einem kleinen Sprung zum Platzen gebracht. Nach dem letzten Lied gehen wir zurück ins Gemeindehaus.

Hier hat das Küchenteam schon die Kreativ-Angebots-Tische freigeräumt und das Essen vorbereitet. Beim ersten Mal gab es ein kleines Buffet, das war lecker, aber für die Gemeinschaft beim Essen nicht so gut. Jetzt gibt es Nudeln mit Tomatensoße oder Suppe mit Überraschungsnudeln, bei Abrahams Wanderung durch die Wüste bekommen alle Tische kleine Picknickkörbe mit dem Essen, das sie miteinander teilen können. Wir fangen zusammen mit einem Gebetslied an, und nach dem Essen endet die Ü-Kirche mit dem Segen für alle.

Danach geht es für das Team ans Aufräumen, und anschließend gibt es eine kurze Feedback-Runde. Inklusive Auf- und Abbau sind wir am Ü-Kirchen-Freitag fünf Stunden zusammen. Die Ü-Kirche kostet für die Eingeladenen nichts, am Ende stellen wir unsere Ü-Kirchen-Kollektenbox auf, und bis jetzt deckten die Kollekten die Unkosten noch immer.

Das Ü-Kirchen-Team besteht aus sechs bis sieben Erwachsenen und vier bis sechs Jugendlichen. Wir treffen uns 14 Tage vor dem Ü-Kirchen-Termin.

Die Themen sprechen wir mit der Paulus-Gemeinde in Burgdorf ab, tauschen auch die Planungen aus. Im Frühsommer planen wir mit beiden Teams ein Ü-Kirchen-Fest: als Dankeschön für die Teams und als gemeinsamen Austausch über die Ü-Kirche.

*www.kirche-ehlershausen.de*

# Anhang

# Ein Papierschiffchen falten

1. Ein A4-Blatt quer zur Hälfte falten (Abbildung 1).

2. Auf der gefalzten Kante die Mitte suchen und beide Ecken nach unten falten. Es entsteht ein Dreieck (Abbildung 2).

3. Die unteren Streifen vorn und hinten nach oben knicken. Es entsteht ein Hut (Abbildung 3).

4. Die Unterkante (den Hutrand) auf beiden Seiten in der Mitte festhalten, auseinanderziehen und zu einem Quadrat falten. Die losen Ecken vorn und hinten untereinanderschieben (Abbildung 4).

5. Das Quadrat flach hinlegen und die untere offene Seite nach oben klappen, so dass die Spitzen übereinander liegen (Abbildung 5).

6. Das Ganze umdrehen und auf der anderen Seite genauso verfahren (Abbildung 6).

7. Noch einmal an der Unterkante auf beiden Seiten in der Mitte festhalten, auseinanderziehen und zu einem Quadrat falten (Abbildung 7).

8. Die obere Spitze außen auf beiden Seiten fassen und vorsichtig auseinanderziehen (Abbildung 8). Es entsteht ein Boot. Das kleine Dreieck in der Mitte ist das Segel.

9. Das Papier am unteren Rand etwas andrücken. Mit den Fingern von unten in das Segel fassen und etwas auseinanderdrücken, so dass das Schiffchen stehen kann (Abbildung 9). Nun ist das Schiffchen seetauglich – jedenfalls für kurze Zeit.

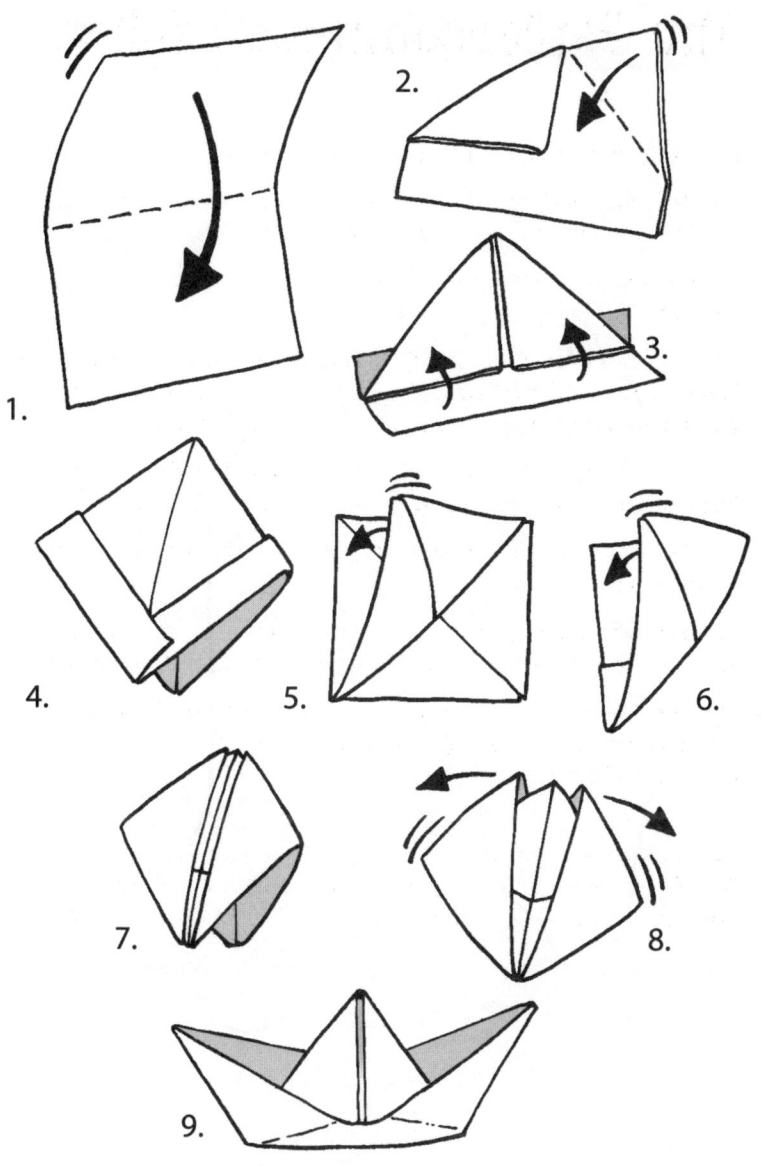

1.

2.

3.

4.

5.

6.

7.

8.

9.

# Taube

# Palmkreuze

- Von der Längskante eines A4-Blattes mehrere zirka 2 cm breite Streifen abschneiden.
- Je zwei Streifen mit Klebstoff aneinanderkleben und nach oben etwas schmaler zulaufen lassen, wie unten abgebildet. Den Streifen nun falten, wie in der Abbildung unten gezeigt.
- Je nachdem, wie groß das Kreuz werden soll, eventuell drei Streifen nehmen.
- Statt Papier kann auch anderes Material verwendet werden – ideal wären feste Streifen von langen Blättern, als europäisches Gegenstück zu den Palmblättern.

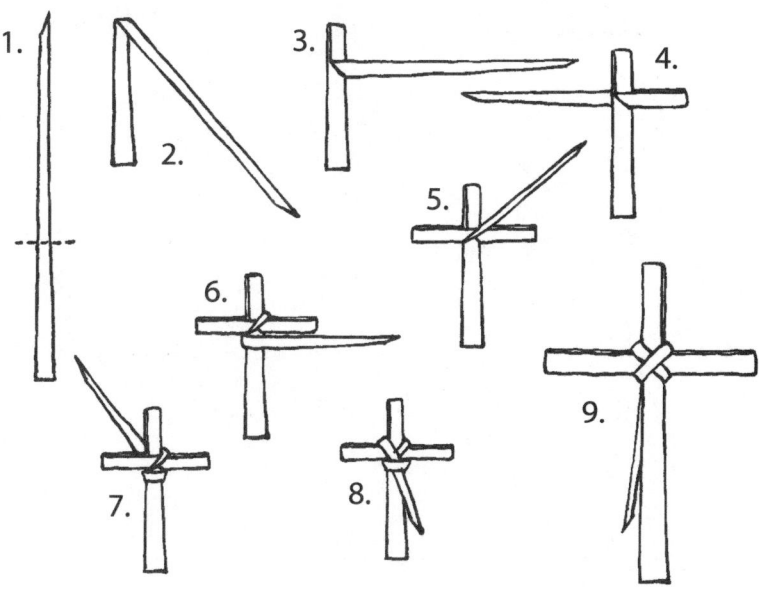

# Ein Windrad basteln

Ein quadratisches Papier nehmen. Wie auf der Zeichnung an den gestrichelten Linien einschneiden. Die Ecken in die Mitte biegen und dort mit einer Nadel oder einer Beutelklammer an einem Holzstab fixieren.

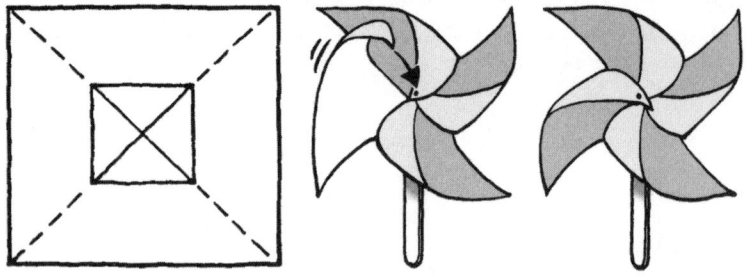